大无畏

佛家的十堂性格辅导课

罗莎 等著

中国财富出版社

图书在版编目（CIP）数据

大无畏 / 罗莎等著. —北京：中国财富出版社，2013.5
（佛家十堂课）
ISBN 978－7－5047－4378－7

Ⅰ.①大… Ⅱ.①罗… Ⅲ. ①佛教－研究 Ⅳ.①B948

中国版本图书馆CIP数据核字（2012）第160199号

策划编辑 初景波　**责任印制** 方朋远
责任编辑 白　昕　白　柠　**责任校对** 杨小静

出版发行 中国财富出版社（原中国物资出版社）
社　　址 北京市丰台区南四环西路188号5区20楼　**邮政编码：** 100070
电　　话 010－52227568（发行部）　010－52227588转307（总编室）
010－68589540（读者服务部）　010－52227588转305（质检部）
网　　址 http://www.cfpress.com.cn
经　　销 新华书店
印　　刷 北京京都六环印刷厂
书　　号 ISBN 978－7－5047－4378－7/B・0344
开　　本 710mm×1000mm　1/16　**版　　次** 2013年5月第1版
印　　张 12.75　**印　　次** 2013年5月第1次印刷
字　　数 142千字　**定　　价** 28.00元

前　言

“习惯形成性格，性格决定命运。”有什么样的性格就有什么样的命运；选择什么样的心态，就有什么样的前途。星云大师也认为是他容易感动、慈悲善良的性格使他在困难逆境中勇敢向前，永不灰心。所以说，一个人要想改变自己的命运，就得先改善自己的不良性格；挑战命运，先从挑战自己的性格开始。

“无畏”从字面上理解就是无所畏惧的意思，那么无所畏惧和性格习成有什么关系呢？人说“大丈夫无畏”，孟子说“富贵不能淫，贫贱不能移，威武不能屈，此之谓大丈夫”，就是顶天立地的正直的人是没有什么可以畏惧的，换句话说无畏这一品格是可以体现在一个人待人接物上的，并且一个人的行为方式必定会受先天和后天养成的习惯和性格的影响。如何习成一种无畏的性格或者精神，某种程度上影响了一个人是否能够成为一个正直、真诚、勇敢的人。

“无畏”在佛教中是一种“布施”的方式，“布施”乃是大乘佛教“六度”之一，包括财布施、法布施、无畏布施三种，这既指给予他人以物质上的帮助，还指给予他人以精神上的安慰和心灵上的满足，使他人摆脱匮乏、痛苦，消除困惑、烦恼，远离一切怖畏、恐惧。布施既可施给人，也可施给人以外的其他有情众生，如买物放生救济动物之命、施食于鸟兽等。“财布施”是指用钱财济贫救困，相当于我们今天所说的“慈善”事业。“法布施”是指以佛法来救度众生，传递佛法。最后，“无畏布施”是指“以无畏施于人，谓救人之厄难也”，其“所表现出的是一种奉献精神，是舍己为人、助人为乐的精神，是扶危济困、急人所难的精神，是社会和谐稳定所需要的一种精神”。这也是一种舍得的精神，有舍才有得，能够舍的人，内心必定是充实而宽广的，因为内心怀有感恩、结缘、喜乐的性格，才能释然，才能舍弃，才能把美好的事物传递给他人。

人的一生无一不被生、老、病、死的自然规律和学习、工作、爱情、婚姻等世俗烦恼所困扰，如何能够面对灾难处变不惊，面对压力奋勇向前，面对困扰迎刃而解？首先要自己“立”起来，成为一个正直、真诚和勇敢的人，养成一种无畏的性格和精神，可以让我们在人生迷途、世俗烦扰、灾难困难前面多一份坦荡释然的胸怀。可以让我们拥有舍己为人的心愿，使内心的欢喜、慈悲感染别人。

罗 莎

2013年1月1日

CONTENTS | 目 录

目录

第一讲

认识大无畏精神——性格重塑与自我挺立

一、认识你自己

南怀瑾先生曾经说：任何一个人先天都有宗教的情怀。人生下来，在整个的生命过程中，都有一些解决不了的问题。大的就整个人类的文化层面而言，无论是东方抑或是西方的文化，都未曾彻底解决“人从哪里来”及“宇宙从何开始”之谜。虽然现代科学如此发达，科学家们仍在皓首穷经地研究，至今还未曾彻底明白宇宙来源的问题。其实就我们每个人自身而言，都有无数不解之谜等待着我们去解答。在佛教看来，每个人的生命都是无限的，生命是一个无限轮回的存在，人的生命不仅是我们现在所看到的这个肉体的生命本身，在这个肉体的自我之外，还有一个更重要的精神层面的自我，它支配着我们每个人的行为，同时也是我们生命中最重要的东西。虽然我们的生命可以消亡，但是神识却不会消亡。我们所看到的这个肉体，其神识可能已经经历了无数劫的轮回过程。在我们无数劫的生命长河中，我们曾经的每一生、每一世积淀的大量丰富讯息，并随时可能在我们今生或来世的某一生中发生作用。这就是每个人的因果，这一世的因，可能投射到下一辈子中就会形成果。甚至今天我们造了一个因，明天就会呈现出果来。因果观念并非是一种迷信。你可以说自己不信佛，不相信因果，但是我们却不能否认因果的存在。我们种了一粒土豆，收获的也是土豆，这是一个因果。有的人可能说我不相信这是因果，但却不能否认“种瓜得瓜，种豆得豆”的事实，种子是因，收获果实就是果。你不相信因果，但是因果的规律就在那里。你信或者不信，因果就在那里，不增不减。同样，你可能自己不信佛，但是佛却不会说你没有佛性。佛教的一切因果业报都是自己做、自己承担的。而我们的生命也是一个因果的存在，因为我们内在的无明、内心的愚昧无知，导致我们造作出各种各样错误的恶的行为，最后导致我们生、老、病、死，我们的生命体就在这不断的轮回中延续着。所以，生命是一个不断的、连续的过程，我们在现实生活中不仅要学会生存，更要学会生活，这就需要生活的智慧。楼宇烈先生曾经讲过：佛法即是活法，佛教的很多道理运用到我们每天的生活中，都会给我们很多新的有价值的启示。这就需要我们明白生命是怎样一回事，然而，我们要明白生命的实相和宇宙的本质是很难的，因为在每一次的生命中，我们总会遇到诸多的不如意之事，似乎我们的天性就是如此。我们每一次生命的过程中，我们总会造作更多的业，我们不断地增加自我的无明烦恼，导致自我的生命越来越沉重。

古希腊哲学家苏格拉底的那句古老命题值得我们反思：认识你自己。我们来到这个世界上，就是一个不断地认识我们自己的过程，似乎哲学的起点源于我们对生命存在的思考，也将以我们对生命的思考终结而结束。而当我们的内心无法认识我们自己的时候，那是因为我们的内心浑浊了，不能够看清自己了。这就好比雨后的池塘水很浑浊一样，我们看不到水底，看不清游动的鱼儿，这就是我们认识不到自己。当雨过天晴的时候，漂浮的泥沙慢慢沉淀下来，湖水慢慢变得很清澈，我们就能够看清湖水。同样，当我们的烦恼慢慢散去，内心渐渐清明下来，执着与浮躁慢慢沉淀下来时，我们就可以慢慢地看清真实的自己。这就是佛教所讲的心性本净，客尘所染。我们每个人的内心都是清净的、透明的，因为现世的尘埃与烦恼染污了我们，使我们的内心被遮蔽了，看不清自己原来的样子。这如同一个水晶球，本来是很透明的，可以映现外在的景象，因为长期无人清洗，上面积满了灰尘，我们就看不到它内在的透明澄澈。但是只要我们把它身上的灰尘抹去，它的生命依然是那样的熠熠动人，璀璨发光，巧夺人目。

禅宗的五祖弘忍大师在准备传法时，让弟子们都做偈子，以观察弟子们有没有开悟。五祖门下的上座师神秀做了一首偈子：身是菩提树，心如明镜台，时时勤拂拭，莫使惹尘埃。我想神秀说的就是这个道理，我们要时时去除积累在我们内心的尘埃，我们才能够看清自己的本来面目，本来就是清净的。我们就不会被外在的烦恼所困惑，内心就能产生出应对一切烦恼的智慧，慢慢地去除我们内在的烦恼困惑，内心就会慢慢变得很平和，你还会觉得生活得很累吗，你还会整天愁眉苦脸的一副烦恼相吗？

唐代在赵州有位赵州禅师，有一个著名的扫地公案。有一天，赵州禅师在佛堂里扫地，有一位出家僧走过来问："禅师，您是得道高僧，怎么还扫地？"赵州禅师回答道："尘埃是从外面飞进来的。"出家僧："这里是清净圣地，怎么会有尘埃？"赵州禅师："瞧，又飞进来一个。"这和六祖惠能大师给五祖弘忍所呈的开悟偈子具有异曲同工之妙。惠能大师在听到神秀禅师的作偈后，觉得没有完全的开悟，于是自己做了一首："菩提本无树，明镜亦无台，本来无一物，何处惹尘埃。"惠能大师认为我们的内心本来就是清净的，哪里有尘埃，我们内心的尘埃都是我们自己给自己增加上去的。就好比赵州禅师扫地一样，其实赵州禅师难道真的不知道心性本净吗？当然不是，他只是通过自己的一言一行去告诉世人：我们的内心虽然是清净的，但也很难避免尘埃的染污，甚至我们起心动念的那一刹那就已经有烦恼之尘劳了。所以我们要不断地修行，不断扫去外面飞进来的尘埃。

那如何才能去除生命的外在尘劳？我们需要凭借别人的指点，我们希望把这个无法认知的自我依托给一个外在的、超自然的社会存在，其实那个外在的存在也是你内心的变现，也就是你自己而已，这就是宗教的情分。我们将内心的孤独、情绪的无奈托付给那个值得我们信赖的外在的神灵或是佛陀。当我们把自我托付给一位超人间的神的时候，我们很容易什么都依靠外在，我们就慢慢地丧失了自我。所以，我们虽然需要外在，但是我们要明白，外在只是一个缘，一个帮助我们认识自己的缘，不是说外在的佛陀就可以帮助我们解脱，可以帮助我们取得事业的成功。我们说学佛是要去践行佛陀的教诲，佛陀的智慧，把佛的一切言语教育都落实在我们每天的生命中去，而非停留在思想中，意识中。那我们为什么相信佛陀能够帮助我们认识自己呢？因为佛是不用去依赖他者的，他见到了生命的本来实相，觉悟到了宇宙人生的实相。我们说佛，也称作"觉者"，佛陀觉悟了宇宙人生的真谛，获得了对一切的生命问题的完满认知。其实我们每个人的生命中都具有这样的佛性，我们都是潜在的佛，只是我们内心的迷或悟的不同导致了我们是佛还是众生。在《六祖坛经》中惠能大师说道："前念迷即凡夫，后念悟即佛。"凡夫与佛的区别就在于这一念之间。

在古希腊神话中，流传着这么一则神话：斯芬克斯是希腊神话中一个长着狮子的躯干、女人头面的有翼怪兽。它一直坐在忒拜城附近的悬崖上，并且向过路人出一个谜语："什么东西早晨用四条腿走路，中午用两条腿走路，晚上用三条腿走路？"如果路人猜不出，就会被它吃掉或者害死，很多经过的人都没有猜出这个谜语的谜底是什么。直到有一天俄狄浦斯猜中了这则谜语的谜底是人，斯芬克斯因羞愧跳崖而死。为什么这么说呢？因为人在幼年的时候不会走路，只能在地上爬着行走，所以就好比是四条腿在行走一样。而随着年龄的增长，我们渐渐学会站起来走路，可以直立着行走，所以是两条腿。而到了晚年，因为我们的身体日益损耗，我们已经不能像过去那样直立着行走，慢慢地我们就多了一根拐杖，就好比三条腿一样。一个人的一生就好比这一天的早晨、中午、傍晚，人的生老病死就是一个从早到晚的过程，甚至我们生命中的每一天都可以看做是这么一个过程。我们说认识你自己，我们的一生就是四条腿到两条腿，再到三条腿的转变。

雅斯贝尔斯在《论历史的起源与目标》一书中把轴心时代（公元前800—公元前200年）的精神特征概括为："人意识到其整体的存在，其自身及其极限。他体验了世界的可怕与自我的无能。他提出极端的疑问，他在深渊前敦促解放与拯救。他有意识地把握其极限，为自己确立起最高的目标。”生活在那个时代的人，体验意识到了人类的整体和自我的有限，进而了解到自我的无能，于是渴望通过反思世界和人本身来获得自我的拯救，并把认识世界和自我作为其人生的目标去探索，这就是轴心时代的思维特征。我们知道那个时代出了很多圣人，中国的孔子、老子、庄子，西方的苏格拉底、柏拉图，印度的释迦牟尼等。这些圣人对当时那个时代的发展，乃至后世的文明及整个世界文明都产生了很大的影响，因此，这是一个大时代，因为这个时代孕育了人类历史上功不可没的几位圣贤，他们用自己的智慧指引了人类文明发展的方向。因此，当人类文化每前进一步时，当我们想要做一番文化与社会的革新的时候，我们就不得不追溯到他们那里去，回到他们那里去追求我们文化的起点，看看这些贤哲们思考过的足迹。因为借着他们的足迹，我们至少不会迷失。同样，我们一个人的一生也是一样，当我们要迈出重大的一步的时候，我们不妨回头看看我们走过的第一步，我们是否走偏了，那样我们才不会迷失，这就叫做回归生命的原点。佛教的智慧就是告诉我们学会回归我们生命的本来，从生命的原点去看待我们的一言一行。因为生命是一个连续的过程，而非简单的时间的累积，当我们把自己的一生看做一个连续的进程时，你就会看到自己的生命越走越长，而非越走越短。虽然我们一天天地走近生命的最后——死亡，但是我们也一天天面对着自我的新生。因为每一天的你相对于前一天的你，已经是另外的、新的自我了。我们要用一种欢喜的、喜悦的心态去面对自己每一天的生命。

青年时期，是一个人生命最容易彷徨、失落、沮丧、孤独的岁月，也是一个人生命寻求方向、激发志气、砥定人格的关键时机，而一个人生命能否挺立自我、畅明笃定的航向人生旅程，全赖于当下一念之自觉。我想每一个有理想的年轻人，都能够从圣贤经典的智慧海洋中汲取活力，拥有独立思考的胆识；我想每一个有志气的年轻人，都能够从圣贤经典的智慧光明中引发生机，走出坚实的每一步，不惧怕，不彷徨；我想每一个有才华的年轻人，都能够发挥他的创造力，肩负起对这个时代应有的担当，用光明启发光明，让每一个人，都能在心灵的激荡中体悟成长的喜悦、生命的光辉。我希望这本作品能够给人这样的砥砺，这样的激发，用佛教大无畏精神的智慧去启发每一个人内在的光明，重塑他们对自我的认识，改变过去的性格，改变自己的命运。让每一个人都树立起对生命和生活的敬畏，寻找到现实的生命意义，走出现实社会的虚无。

二、大无畏精神对性格的塑造

1. 无畏精神，人皆有之

佛说，众生皆有佛性，这是在讲每个人在根本上都具有成佛的可能性，我们每个人在灵魂深处都具有一颗成佛的种子，只要条件具足，因缘成熟，这颗种子就会发芽，我们就能够看到自我内在的佛性。所以我们说信佛教不是让你去寺庙里枯坐如柴，无所事事，更不是烧香拜佛，求子求财，而是让你慢慢认清自己，首先做好一个人，以平淡的心去面对我们生活中的起起伏伏，做好分内的每一件事情，饶益社会，在忙碌孤独的现代生活中，拥有一个宁静的内心世界。在纷纷扰扰的角逐中不至于迷失自我，让我们在最茫然无知的时候，我们能够回归自我，反观自己的本心，觉知自己的心灵，放弃那些多余的、无可必要的执取，让自己的心安住在宁静、祥和的状态中。现代社会中，很多人都觉得自己活得累，活的辛苦，总想让自己过的轻松一些，于是想赚更多的钱去享受生活，可是当我们越想去赚更多钱的时候，我们就更累了。这是我们内在观念的错误，我们不知道享受生活就在于当下的一念，而非未来。因为未来是什么，我们什么也不知道，明天等待我们的是什么，我们也不清楚，那我们何不放下对明天的过多期盼，把时间留给今天的你，好好去享受此刻的状态。这不是说我们对明天不期盼，而是我们学会把心放在此刻的事情上。人之所以痛苦，在于执取了过多没必要的事情，当我们学会把那些没必要的事情都踢出自己的生活时，你会发现自己会过得很轻松，很释然。

很多人说自己没有佛性，其实是自己把自己内在拥有的东西掩藏了，就好比我们自己家里有很多宝藏，但我们自己不知道，便以为没有这些宝藏一样。所以问题的关键在于我们到底能不能认识到我们自身所具有的宝藏，认识到我们自己本来的佛性。所以，认清你自己很关键。当我们认清自己的时候，我们就会发现那些东西在我们的内心里都是具足的，同样大无畏的精神也如同佛性一样，都是我们作为一个人本身所具有的，只是现实的种种闭塞把你的这种无畏精神掩盖了。所以，重寻自我内心中的大无畏精神，就是一个回归自我本来清净的过程。佛教历史上有一个著名的公案讲的是佛性的问题：竺道生是鸠摩罗什的弟子之一，其治学态度常常不局限于以前的说法，常常有自己的见解，在《大般涅槃经》还未完全传译到中土时，经文中明确论及到除一阐提（断除善根的人）外皆有佛性，但是生公根据经文的义理，大胆提出质疑，认为一阐提也有佛性。这引起了当时僧团的不满，并将其逐出了僧团。他被逐出庐山后，曾入吴中虎丘山，举石为徒，讲解《涅槃经》，说到一阐提均有佛性的时候，群石都点头称赞。后来，《大般涅槃经》全本翻译过来后，经中果然明确提到“一阐提人也能够成佛”的问题，这才证明了道生的远见卓识。

2. 尊亲孝养，无畏流行

那什么是大无畏精神呢？大无畏精神，在通俗的意义上讲，说的是面对我们所处的困境，我们无所畏惧，能够具备泰山崩于前而面不改色之气魄，拥有宠辱不惊、泰然自若的心态。其实这说的就是一颗平常心，无论面对什么事情，面对任何的窘境，我们都能够保持一颗平常心。大无畏精神是佛教伦理精神的一个集中体现，佛菩萨不屈不挠地教化众生，令众生开悟，同时通过佛法来摧服外道，令众生折服，这就是大无畏精神的显现。为什么会有这样的大无畏精神，这源于佛教的思想，佛教认为生命的实相就是一个缘起的存在，生命在本质上是空的，《心经》上讲："色不异空，空不异色，色即是空，空即是色。"我们物质的肉体就是一个色的存在，这个色的存在就是一个空相，因为色身是因缘的聚合而形成的果，这里的色很多人理解为是财色名利之色，其实是很片面的。现代很多人理解佛经，理解我们古代哲人的智慧总是执着于文字语言，用现代的文字概念去思维、去理解古人字词的意蕴，离原来的的本义越来越远，所以我们也需要做一个正本清源的工作。否则，祖先的文化传得越久，越失去了原来的味道，我们每个人不就成了文化的罪人了吗？我们的后代还怎么来认识我们古圣先贤的智慧呢？记得有一次曾经听过一位教授批判了《弟子规》中的思想，说《弟子规》的思想太迂腐了，放到现代人的生活中去，只会打乱我们现代人的生活，破坏我们正常的生活节奏，给我们带上沉重的枷锁。他举了一个例子，说《弟子规》里面有一句话叫做“亲有疾，药先尝。”他说这个放到古代还可以，放到现代怎么落实啊，你的父母在医院里开的药，你要在给父母之前先尝一粒吗，你要是没病，你吃了这个药可能对你身体有很大伤害，你都不知道。我不知道为什么这位老师会这么想，其实古代的药都是中药，所以每次煎好之后我们在给病人服用之前，我们要先尝是为了感觉温度适不适合病人服用，如果不适合，我们需要再凉一凉。这是对父母的一种尊重，对亲人的一种体恤，这是古人的一种孝亲之道。当然也有孝子在侍奉父母的时候，去喝父母的药，看是否有毒。父母在生病的时候，我们去尝药的温度的情况可能听过不少，但是为了父母的身体健康去尝父母的粪便，我们可能就很少有人能做到了。

在二十四孝中也有一则故事讲的是“尝粪忧心”的孝行，讲述了南朝时期的孝子庾黔娄孝敬父亲的故事：庾黔娄，南齐高士。他当孱陵县令，刚到任还没满十天，忽然心惊肉跳，满身流汗。他感应到家里可能有大事、急事发生了，遂立即弃官归家。果然，当时他父亲已生病两天。黔娄去找来大夫看病，医生告诉他：“如果你想知道病情是否严重，就要去尝尝他的粪便味道如何，到底是苦还是甜。如果是苦的，就很容易医治，如果是甜的，就不好医治了。”在场的所有家仆都感到很为难。可是黔娄听了之后，立即就去尝了。在场的所有人都深深为黔娄的孝心所感动，有的还在一旁抽泣。黔娄感觉到父亲的粪便是甜的，这说明父亲的病情已经很严重了，他更加的忧心如焚。他更加竭力地去侍奉父亲，白天亲自服侍，晚上又向上天祈祷。但是父亲的病一天天加重，最后还是去世了。可能很多人觉得这很不可思议，古代的时候，医疗技术不发达，任何化验的工作都要亲自去做，现在我们可以借助高科技去化验，不用那样去做了。我们看到黔娄为了回家照顾父亲，可以放弃官职，完全抛弃名利，一点儿都不留意，并亲自去尝父亲的粪便，这是一般人无法做到的，这也就是大无畏精神的体现。我在这里举这个事例并非告诉我们每个人都要去这么做才称得上是孝敬父母，而是说我们对待父母要有这样的精神，不惧怕任何的困难，这才是我们每个人要持守的。

这种大无畏精神源自于对父母至诚的孝敬之心与敬畏之心，当我们面对我们所坚定的一个信念、一份事业是无比诚挚的时候，我们的内心就会生起一种无畏的精神。我们知道，在抗日战争的过程中，中国涌现了很多的抗战英雄，他们之所以在面对身体的种种磨难时面不改色，无所畏惧，这源于每一个英烈内心对人民的幸福事业或是共产主义事业的坚贞。我相信每一个革命者都曾矢志不渝地执着于内心的那份事业，正是这种信念，激发了他们内在的自我不断地超越，超越了现实的种种病痛，超越了一切的苦难，他们坚信这份伟大事业的必然胜利。由此，我们可以说大无畏精神源于我们每个人的内心对这份事业、这份情感的崇敬。当我们的内心对我们的朋友有了这样的情怀的时候，我们就可以无畏地去面对我们所遇到的诸多困难，因为那一切在我们看来都是不值得一谈的，都无法成为我们坚持我们内心想法的障碍。

3. 良知的自觉与自决

2011年发生在广东佛山的一则新闻，相信每一个中国人都会记忆犹新，一个两岁小女孩悦悦被一辆面包车撞倒和碾轧过后，两名路人先后路过，均对倒地的小女孩视而不见。紧接着小悦悦被一辆车再次碾压。在这之后5分钟，往来的十余个路人无一伸援手，直到一位拾荒阿姨看到并救起这位小女孩。这则事件在国内外都引起了轩然大波，这引发了我们对我们内心的良知的反思，我们都会禁不住问这么一个问题，我们的内心还有没有良知，是否整个社会都已经对我们的生命麻木了。我想很多人拒绝去帮助一个小女孩，这和之前的彭宇案件有很大的关联，当彭宇非常热心地去帮助老人的时候，等待他的却是一场法律诉讼。这让人们形成了这样的观念：做好事就会吃亏，甚至会把自己都搭进去，大家都不敢去做好事了。而去拯救小悦悦的这位清洁工，她可能没有听过什么彭宇案件，甚至在救人那一刻都不会去想自己救人后会有什么结果，而是完全出于自己的一颗慈悲心，出于自己内心的良知，她不忍心看到一个生命就这样死去无人问津。我想，每一个经过的路人内心都对这个小女孩生起了慈悲之心，但是我们却缺乏一种大无畏的精神把我们内在的慈悲化为现实的力量，如果第一个路人看到之后，就去拯救这个小女孩，那这个小女孩就不会离我们而去。

《孟子》讲："恻隐之心，人皆有之，羞恶之心，人皆有之，是非之心，人皆有之，辞让之心，人皆有之。"恻隐、羞恶、是非、辞让之心在我们的内心中都是存在的，我们都有善的种子。“所以人皆有不忍人之心者：今人乍见孺子将入于井，皆有出体恻隐之心；非所以内交于孺子之父母也，非所以要誉于乡党朋友也，非恶其声而然也。”我们看到一个孩子将掉入井里去，我们内心都会有这样的恻隐之心，这时候我们内心的良知是纯粹的，没有任何的杂染，所以当下的一念我们就会去救那个孩子。这是我们每个人内心良知的呈现。那位清洁工在去拯救那位小女孩的时候，就是出于当下的这一念 ，抛却了现实的种种非难。她不是为了现实的名利，为了别人对她的称赞，不是因为惧怕别人对她的指责，也不是为了金钱，所以真正的大无畏就是从当下那一念出发去做，当我们开始去计较结果的时候，你已经不能去做了，你就会开始迟疑了。

每个人看到这样的情况，在内心中都会生起这样的良知之心、恻隐之心、羞恶之心、是非之心、辞让之心。我们之所以感受不到，是因为我们内在的自我良知被蒙蔽了，这就是良知处于一种眠的状态，我们需要良知的自我觉醒，当我们每个人内心的良知觉醒之后，我们生命中的那种光明的就会自然地流露出来，我们每做一件事情都可以按照这样的光明的内心去做。我们良知觉醒之后，你就可以去取舍，去抉择，去决定，这就是良知的自我决定。因此，我们的内在良知是一个自觉与自决的一个过程，当你内心的良知自我觉醒之后，你就可以做出一个自我的决断，你的生命就和别人不一样。我们说大无畏精神，并非让你去做出比别人更加光辉灿烂的事迹，而是我们每个人能够按照自我的良知去做事情，去挖掘我们内心真正的想法，这叫做从良知而行。

良知是我们内心最为本真的东西，人人都拥有，是与生俱来的，但是随着时间的推移，也许会被现实各种纷繁复杂的现象所蒙蔽。现在是一个信息爆炸的时代，道德缺失的时代，不同的价值观和判断标准呈现在我们面前，如何选择，如何行动，这就需要我们的良知自觉。“己所不欲，勿施于人”，这是最简单也是最直接的价值标准，如果这件事发生在自己身上你会怎样做，你又希望别人怎样做，当你对待别人像对待自己一样，那么自然就会拥有一颗善心，与人为善，处处为他人着想了。所以，良知不是别物，就是排除外界的干扰和影响后你内心最真实的声音，没有任何的顾虑，没有任何的迟疑，是人内心真善美的直接呈现。

三、亦取莲花亦取泥，直面残缺内心

前些日子，一位很好的朋友带着父亲来北京，他们离开北京时，我和另外一个朋友去为他们送行。大家去为他们送行，朋友很是欢喜，很是客气地向我们表示感谢。因这段时间得到大家的悉心帮助和关怀，让他和爸爸都感到无比的温暖。于是给我们每人送了一份小礼物，我的是一个金属材质的书签，很是精致，我接过礼物非常喜欢。本来一个小小的书签似乎没什么可说的，可是朋友接下来说的一句话却让我思考了很久。他说道："当你正在颓废时，你看到我的书签后就仿佛看到了我，我会微笑着对你说，如果你在践踏自己的生命，我正在看着你。"我们听了之后都笑了，也感觉到自己不能让朋友失望。细细一想一件礼品他也能够演绎出这么一段内容来，然而它的确承载着朋友无数的期望与提挈。回想以前很多朋友送的礼物，我渐渐发现原来每一件礼品上都寄托着好友特别的祝福。

等朋友离开北京时，我收到朋友发来的一条短信："……希望我们能够一起重新参悟'士为谁死，女为谁容'这个命题。"我迟迟不知道怎么回复，让我开始反思，我的生命为谁而存在，我的价值在哪里？一时间不禁感叹自己一直以来的怠惰，但是我发现对于未来的进步，感叹是最无力、最苍白的回应，我不能沉浸在那种否定过去的纠结之中。我应该走出自我心理的困境，拆除内心自我的壁垒。

现在我把这枚书签静静地放在书桌前，每当发现自己在懈怠时，我都会看一眼那枚书签，仿佛真的朋友的那双眸子正在看着我一样。于是开始打起精神，重新调整自己，也许这就是书签的力量吧，每一次的一瞥都让我对这枚书签产生新的敬畏之心。调整自己过后，我清楚地发现，其实我们每个人的一生总是在反复地犯错、进步中完成的。我们自生下来以后，我们的个体生命中本身就存在着诸多的不完满：我们可能出生在一个贫困家庭，我们可能身体存在生理缺陷，我们可能先天发育较为缓慢……这种种不完满就是我们每个人直接的现实性，当我们认识到我们内在的残缺时，很难容忍自我的这些缺陷，我们总是想去超越这种种的残缺，让我们达到尽善尽美。因此我们的生命有了超越的趋向善的一种存在，这就是我们生命的现实，一个真实的自我。

突然间想到《维摩诘经》中维摩诘居士向诸菩萨发问："什么是不二法门？"很多菩萨都从自己所理解的角度去发挥理解，表达自己的看法，最后到了文殊菩萨，文殊菩萨认为，无有语言文字就是入不二法门。文殊到底是位大菩萨，他答了之后对维摩诘居士说："你问了我们，我也要问你了，怎么样才算是不二法门呢？"维摩诘居士默然不语，没有说一句话。文殊菩萨说："善哉，此乃真不二法门。"维摩诘居士对不二法门的理解是超越了语言文字的，他用自己真实的行动向世人展现了不二法门的内涵。所以事实上维摩诘居士也回答了，文殊菩萨也懂了，就连连称好，没有文字语言可答，就是不二法门。我们说的不二法门就是破除了一切语言文字的对立，破除外境的对立，最后达到内心的静默状态。在我们的生活中，我们总是容易去区分善恶、美丑、优劣等对立的观念，这就是“二”，就是分别、执着，而真正的修为是破除这种对立与差别，把有对立的彼此划归为一，融合为一，这就是不二，就是禅定的境界。

其实我们每个人生命本身就存在着诸多的不完美，这就好比美丽的莲花一样，我们总是只会去赞叹莲花的娇艳与芬芳，却鲜有人去关注是什么成就了它的香艳，是什么铸就了它的纯洁。我们都知道是淤泥，是潜藏于水中的污浊之物。假若我们把莲子放在干涸的沙漠里，莲子终究也不会发芽开花；假若我们把莲花放在清澈的水里，莲花也不能长久地存在，过不了几天就会奄然逝去，只有把种子种植到污泥里，才能发芽开花，才能开出娇艳的花朵。因此，莲花的美丽来自于淤泥的滋养。相对于莲花之美而言，淤泥可以说是一种残缺。然而我们却只会赞叹莲花的芬芳，却很少去称赞那成就莲花的淤泥，因为我们将莲花之美与淤泥对立起来，因此很多人就过多地去追求莲花，却很少去关注淤泥。殊不知莲花之美与淤泥之陋是不二的，他们不是绝对对立的，而是互相在成就着彼此。淤泥之肥可以培育出莲花之美，烦恼的处境可以让我们获得生命的解脱。所以烦恼和菩提也是不二的，我们内心的诸多烦恼正是我们获取生命提升的资粮，我们所遇到的诸多困境正是我们学会成长的良好胚胎。生命的依报与正报也是这样的，当我们面临生命中的诸多残缺、诸多苦难时，我们不应该感到烦恼，感到痛苦，而是要去面对，去接受它，因为这就是我们走向生命提升与解脱的一个直接现实。因此，真正的人生态度应该是敢于去面对我们生命中的不完满，去承认我们的残缺。我们可能德薄学浅，可能生理上存在诸多的缺陷，可能处处遭遇苦难，我们不应该去隐瞒它，而是要敢于无畏地去接受、去面对。因为正是这些诸多的不完满存在，才促使我们反思我们的生命，提升我们的灵魂。所以我们不能仅仅看到莲花，也应该看到淤泥，看到我们生命的残缺，亦取莲花亦取泥。

最后我给好友回复道："幽丛不盈尺，空谷为谁芳。我愿如同兰花一样默默绽放，不为了别人来欣赏，哪怕别人闻不到我的清香，我依然要让自己的生命怒放。"一个坦荡的人应该是要"素富贵行乎富贵，素贫贱行乎贫贱，素夷狄行乎夷狄"的，正所谓君子无入而不自得焉。当我们处于富贵的环境中，我们也能不骄不躁，行富贵之道；当我们处于贫困的境地中时，我们也不会妄自菲薄，觉得矮人一等；当我们到了一个蛮夷之地、很难教化好的地方，我们也不能失去自己的礼乐之风，而是能够通过自己的德行，身体力行地去感化教育。这就是生命的教育，通过身体力行的方式去影响我们所处环境中的人。用我们的生命去启迪别人的生命，因为我们坚信每个人内心都具备这样的品质，这样的人格精神，这样的人格自我。孟子说得好，"富贵不能淫，贫贱不能移，威武不能屈，此之谓大丈夫。"大丈夫的人格就是一种大无畏的精神，无论在哪里，我们都能够自得其乐，安然接受，君子行道是不会受到时间空间的限制的。因此，我们不应该过多的执着于自己将来工作的地方，现在很多大城市毕业的大学生都很想待在大城市继续的工作发展，而自己的能力与条件却不具备，因此很多人都过得很辛苦。这就是不能随缘，不能随顺我们生活中的缘分。我们说的随缘不是消极的不去改变，而是根据自我的能力，根据自己目前的条件，选择最能够让自己幸福的城市与工作。即使你到了一个很好的地方，如果你的内心依然是浇薄的、浮躁的，你的内心依然充满了彷徨与不安，真正的智者是不会拘泥于现实的这些苦难的，而是在现实中学会享受这种经历与过程。

第二讲 救世济人 利乐有情——慈悲利他性格的养成

今天，我们处在一个物质文明极度发达的时代，人类的科技已经进步到了历史的巅峰时期，可我们人类仍旧在不断地探索科技，企图拥有一种更方便、快捷的生活方式。欲望主宰了整个人心。在物质消费极度扩大的背后，我们的地球承载了人类这一恶果。放眼全球，灾难如此频繁："温室效应"、"全球暖化"、"臭氧层空洞"等问题在不断恶化，近几年来，全球暖化等问题不断引发了一系列的社会问题，极地冰川融化越来越严重。

近年来，人们对从巴塔哥尼亚到瑞士的阿尔卑斯山地区的冰川因为"温室"气体的排放和普遍认为的南极冰川融化速度加快温室效应而融化的情况进行了观察。在南亚地区，问题并不是冰川是否在融化，而是融化的速度有多快。虽然全球变暖的许多不良影响可能要到21世纪末才会变得非常严重，但是尼泊尔、印度、巴基斯坦、中国和不丹等地的冰川融水可能很快就会给人们造成麻烦。国际冰雪委员会（ICSI）的一份研究报告指出："喜马拉雅地区冰川后退的速度比世界其他任何地方都要快。如果目前的融化速度继续下去，这些冰川在2035年之前消失的可能性非常之大。"国际冰雪委员会负责人塞义德·哈斯内恩说："即使冰川融水在60至100年的时间里干涸，这一生态灾难的影响范围之广也将是令人震惊的。"

暴雨、洪水、泥石流、干旱等天气在很多地区上演。近年来，南方的很多城市、东南亚很多地区都相继发生洪涝灾害。大自然在一次次叩问着我们内心的良知，渴望着我们内心的觉醒。当我们看到一座座城市浸泡在洪水中的时候，我一方面是感到极度的悲叹，同时也心存一丝欣慰。之所以感到悲叹是因为灾难给人带来的重大损失，而值得欣慰的是，我相信人们会从灾难背后去反思这一系列恶果的缘由。地震、海啸、台风等自然灾害似乎早已经在我们耳边不觉新鲜，每次听到这些新闻报道，我们都会首先问一个问题，死亡人数多少，损失严重吗？似乎不严重我们就不会去关注了，似乎当我们经历了太多的自然灾害伤痛后，我们对那些损失小的灾难已经习以为常，甚至有些麻木。我们在经历着外在自然灾害的同时，也忍受着内心的惶恐、无助之痛苦。

为什么会出现今天的结果？我们在享受着现代物质文明的背后必须做出这样的反思。

圣严法师在《禅的世界》中讲道："我们这个世界的环境是越来越麻烦了，呼吸的空气、所吃的食物、生活的地方，渐渐地越来越被污染了，好像我们慢慢地就要生活到垃圾堆里一样，因此我们才发起环保的运动。可是在台湾某地，最近为了环保，结果制造了更多的环境污染，甚至为了争执保护环境而杀人。如果从佛法的角度来讲，这都是很愚痴的事情。这是向心征服、要求、期望的结果，那只会增加更多的混乱，而不会使得这个世界真正地得到环保。佛法主张我们每一个人应从自己的内心清净做起，减少贪欲、仇恨、愚痴、傲慢、怀疑。这些心理问题减少了的话，我们的环境自然而然地就能得到保护……若我们自己没有贪心，或减少贪心的话，对于物质的追求和浪费就会尽量减少，制造脏乱的机会也就相对地减少了。如果我们对于他人越来越有同情心、谅解心，那么人与人之间的关系所引起的环境污染，也会越来越少。佛教并不反对物质生活的需要，但是也不赞成过分的追求和浪费。”

佛教的智慧告诉我们，我们所生存的整个世界就是一个缘起的存在，我们所看到的世间万象，不是独立形成而存在的，而是互相的依赖彼此、众缘和合而形成的。因此，世界是一个大的缘起实在，每一个因，每一个缘都在促生着这个世界的形成，都在影响着这个世界的改变。因此，我们每天所面对的各种自然灾害，所听到的各种灾难事故，都不是无缘无故发生的，都是因缘和合而成的。我们无限制地向自然掠夺资源、砍伐树木、过度捕杀……这些缘导致生态失去了平衡，原来的生物链被破坏，原来的自然结构被打破。本来气流是按照一定的周期运转的，我们的破坏可能缩短或延长了气流运动的周期，厄尔尼诺现象的形成就是气压运动的一个结果。而这些过度的背后，是什么？是欲望，是我们内心的贪婪，是我们人性的弱点，我们为了尽可能地满足自我的欲望，无限制地消费，无限制地浪费。可我们静下心来好好想想，我们现在所拥有的东西，有多少是我们真正需要的。正如常人所说：“我们需要的很少，我们想要的太多。”除了欲望之外，还有我们的嗔恨之心，愚痴之心，导致了我们内在心灵的不调。我们知道，地气不调是地震，风气不调是飓风、龙卷风；水气不调是洪水、干旱。而我们内在心灵的不调和，就会发脾气，所带来的是战争，是屠杀。我们似乎正在遭受着自己给自己设置的人间地狱。我们要知道，地球是一个生命共同体，人与人之间的生活会产生相互的效应，不是自己平平安安，没有损失，就不管别人如何，其实任何一个地方有灾难，对全世界都会产生影响。

面对一系列的自然灾难，我们人类显得何其的渺小。然而我们是否真的不能改变这一切，显然绝非如此。我们至少还可以改变我们的内心。面对诸种的不调，我们更需要将我们的人心调好。以一颗爱心，散发温和的和气，温暖的和气，将那种爱释放出来，世间才真有希望。

一、慈悲精神，自利利他

近两年来，云南等西南地区频频干旱，云南本来属于南方，而且历史上都是植被覆盖丰富，我们从来没有想过云南会干旱。可看到新闻上、网上那些图片的时候，我不禁触目惊心。

下面是一段对云南干旱的分析：

冰冻三尺非一日之寒，从明代特别是清末以来,旱灾逐渐开始明显，随着对云南的开发，旱灾逐步发展，到本世纪初更是加速发展，逐年频繁、加剧。云南旱灾的发生有多重原因：清代以来特别是最近半个世纪日趋严重的天然森林的破坏，原始森林植被的消失、山地开垦造成的水土流失、生态逐渐恶化等最终酿成史无前例的四年连旱。而近年来大规模的毁天然林种植人工经济林又加剧了这一灾情，一味地片面追求经济发展和急功近利不顾生态环境的政策失误，导致一系列干旱的恶果。我们人类如不痛改前非，本世纪末云南也许大半变为荒漠。

看着当地村民那一双双憔悴而充满渴望的眼睛，内心总是禁不住流泪。还记得当时网上流传了一段关于云南干旱的话：

云南干旱，我们需要的不是钱，我们需要的只是一点点关心。……云南人太安分，太朴实，让人们几乎忘记这个地方的人需要关注，需要关心，以前云南风调雨顺，也就算了，可是现在云南真的病了，病得很严重，真的很想有多一点点的关注。真的，我们云南的兄弟姐妹们在网上说什么钱不钱的，那不是说的钱，而是关注，我们生气的不是你钱给的少，而是你们无视我们的态度。

诚然，我们遗忘了云南，我们心目中的云南只是那个四季如春的地方，那个有多样的民族风情的异域，那美丽的西双版纳，那醉人的丽江古城，那令人神往的泸沽湖畔，洱海苍山……可如今我们看到的是满目疮痍的云南，我们不愿相信云南的干旱是事实，但我们却不得不接受着事实本身。的确，云南真的需要被关注，我们不能把经济的发展放在第一位，而忽视云南自身地理环境的协调，云南的经济不用都得争第一，而是要有自己的特色。云南也不能成为经济发展的牺牲品，我们需要给云南更多的爱，去滋养那一双双干涸的眸子和渴望的心灵。

水是大生命，滋养万物的灵魂。从水的世界里，可以成就出我们做人的智慧来。因为相信杯水可以成缸，聚沙可以成塔。每节约一滴水就是相当于节约一份爱，我们可以用这样的水去抚慰更多需要救济的人。试想，如果每一个城市的居民都能体会山村田野居民担水之辛劳，在每天的生活中，都能够节约一杯水，甚至一盆水，或者更多，那我们的城市现在会因为用水紧张而做那些大型的调水工程吗？人们为了发展工业，长年累月地从地下抽取水源，久而久之，造成了地层的下陷，引发了地下水枯竭、土质恶化等结果。随着地下水储积越来越少，土质的恶化会越来越严重，最后的果报还是会最终回到人类的身上。

水看似是很普通的生活资源，每天我们都要去亲近她，她不仅可以滋润我们的身心，更可以涤除我们的污浊，不仅是外在的，更是我们内心的污浊。而我们更多的是觉得这一切都是一种普遍水龙头下凝聚着的爱与辛劳，我们需要给水重新命名。欧美人称水为“给水”，含有恩赐的敬意；日本人则称“上水”，表露珍贵和珍视的感恩，而们中国却称作自来水，仿佛这一切都是自己来的，丝毫不存在感恩。但是我们仔细思量，水真的会自己来吗？诚然，每一滴水上都凝聚着爱，都凝聚着多少人默默地付出，所以当我们用每一滴水时，请心存感恩。同样，每一度电，每一缕阳光……当我们整个人都充满感恩时候，我们的心就会慢慢地调柔，我们就会越来越珍爱我们生活的这个世界，我们的朋友、亲人。“仁者浑然与物同体”，每一个有博大的仁爱、爱人之心的人都是与天地万物浑然一体的。

慈悲是佛教大无畏精神的一个集中体现，佛陀因慈悲而无畏，因无畏而救度众生。慈悲也是现代物质文明的一剂良药，慈悲可以化解现代物质文明发展中的种种问题，不仅是自然的、社会的，更重要的是我们内心的问题。因为佛教认为万法唯心所造作，世间的诸种现象都是心法变现的结果。解决这些问题的根本不在外在的问题本身，而是我们内在的心灵。我们培育好我们的内心，用慈悲的爱，用无畏的精神去对待我们所处的世界，社会就会变得更和谐，因为我们的内心是和谐圆融的。所以整个社会的症结在于人内心的症结，打开我们内心的结，我们就会很舒畅，社会就会很通达。从这个意义上去讲，慈悲就是我们与自然、社会、与他者打交道的一种共同规约。对于自然界中的一切，我们用慈悲无畏的爱去对待他们。对于社会中的一切问题，我们用慈悲无畏的爱去接受、去面对。对于人与人之间的交往，我们时时心存感恩，心存悲悯，我们就可以更多地体贴别人，社会的和谐就在这一点一滴彼此的体贴中。因此，慈悲是提高人类的道德精神境界、身心健康发展的需要，慈悲也是解决现代社会发展的一系列问题的关键所在。

慈悲是佛教的根本精神，是佛教其他思想的基础。我们知道佛教讲“平等”、“利他”、“克己”精神，自然就必须谈及“慈悲利他”的哲学思想，在平等的基础上，强调“克己”和“利他”，才能叫做慈悲的精神。“慈悲”是佛教一直讲的，而“利他”则是在大乘佛教时期才开始着重强调的。那么什么叫做慈悲？慈就是慈爱众生并给予快乐（与乐）；而悲则是同感众生世人之苦，怜悯众生世人，并拔除其苦（拔苦），称为悲；二者合称为慈悲。佛陀之悲是以众生苦为己苦之同心同感的状态，故称同体大悲。《大智度论》中说：“大慈予一切众生乐，大悲拔一切众生苦。”我们所知道的大慈大悲观世音菩萨，就具备这样的精神，不仅能够给予世人快乐，而且能够拔除众生的痛苦。因此，慈悲不仅是佛的精神，也是菩萨的精神。我们经常去寺庙里去求神拜佛，希望得到菩萨的保佑，可很多人却不知道自己究竟在拜什么。是否真的有一位佛或菩萨在那里给你保护，是否你往功德箱里面捐了几十元钱，几百元钱，佛菩萨就会多给你一点恩惠？假如佛菩萨都是这样的话，那佛菩萨岂不是成了贪官污吏了，岂不是不平等了，还能够称得上救苦救难吗？还可以说是大慈大悲吗？我们现代人满肚子都是俗气，在平常的人际交往中用世俗的待人接物去对待别人是可以的，可是到了寺庙里，到了佛菩萨的门前，我们就要变换我们的心态了。很多人本来去了寺庙想超凡脱俗一下，可是还是摆脱不了世俗的眼观，用世俗的待人接物精神去要求佛菩萨的待人接物，用现实的送礼送财的习气去给佛菩萨送礼，佛菩萨是不会因为你送的钱多而多关注你一下的，也不会因为你往功德箱中放的钱少而对你不理。那我们去寺庙拜佛的意义何在呢？拜佛其实就是培养你的一颗平等之心、慈悲之心、敬畏之心，我们拜佛就是要学会把自己的身份统统放下，把自己的功名利禄统统放下，在佛面前我们要学会谦卑，当你把自己的外在的一切都放下的时候，你就获得了内心的安宁，你的烦恼就少了很多。

下面讲一个关于学会放下的故事：

在日本的一个寺庙里，住着两个和尚。一天，大和尚带着小和尚，师徒俩去游山玩水。正当黄昏之时，来到一条小河边，水面凸出几块圆石，人可以从上面一路越过去。

此时，有一位小姐在河边徘徊而不敢过去；因为她身穿和服，尽管有圆石可以垫脚，但是水已经慢慢涨上来了，所以不敢通过。大和尚看到这种情形，一把就把她抱起来，一步步地越过去了。过去了，当然就把她放下来，师徒俩又继续往前走，回到他们的寺庙。

晚上，麻烦大了，小和尚翻来覆去睡不着，在山头上走来走去，他觉得不可理解：师父怎么可以抱小姐？和尚是不可以抱小姐的。

隔天，小和尚越想越不对劲，实在忍不住了，就问大和尚说："师父！昨天您犯下一件很严重的罪过，但看您怎么都若无其事呢？"

大和尚一听，很疑惑地问："我哪有犯了什么罪过呢？""这么大的事情，您怎么都忘掉了？就是您抱一位小姐过河呀！您怎能这样做呢？"小和尚困惑地问着。

"哦！原来是这一件事呀！我还以为是什么呢？可是一过了河，我早已把她放下来了，你怎么还抱着她到现在没有放下呢？"大和尚很释然地说。

再讲一个关于"放下"的故事：

有一位外道拿着两个花瓶献给世尊。

世尊说："放下。"外道放下了一只手中的花瓶。

世尊又道："放下。"外道又放下了另一只手中的花瓶。

然而，世尊还是对他说："放下。"外道摊开双手道："我现在已经两手空空了，还让我放下什么？"世尊开示道："我不是让你放下花瓶，而是放下一切烦恼执着。当这一切你都放下，再也没有其他什么的时候，你将从生死桎梏中解脱出来。"

两个故事都是想告诫人们：放下，放下，依然是放下。放下，不是外相上的决然摒弃。而是在心中对坚固执着的松缚，是心灵的完全放松状态。仔细想想，最需要放下的，恰恰是我们最放不下的东西!我们去拜佛，就是要学会把自己的一切不必要的东西都放下，把自己的烦恼放下，把自己的痛苦放下，把一切对外在物质的执取放下，让自己的心获得释然。我们在日常生活中，人与人之间总会有一些小的过节和不愉快：别人欠了你几十元钱没还，他昨天踩脏了我新买的鞋，一个好的工作机会被好朋友抢走了……对于这些诸多的烦恼琐事，我们要学会看开，学会用包容的心，用慈悲的心，用无畏的布施的精神去化解烦恼，成就他人，因为自他是不二的，自我和别人是没有对立的。我们总是只会为自己考虑，自己的心一直局限在自我里面，一天比一天狭窄，我们对待他人也是一天比一天吝啬，渐渐地我们的朋友少了，我们的快乐少了，烦恼越来越多，痛苦越来越重，而这一切都是你自己选择的结果。

佛教的慈悲不仅指要对自己之外的他人慈悲，而且有时也指要对一切有生命之物慈悲。佛教的不杀生戒律就具有这方面的含义。这种不杀生的含义在生态学意义上，就是与众生同乐的同时，去其痛苦，对于自然界的一切众生，我们要尊重其生命，热爱其生命，不仅指动物，同时还指植物。佛教的生命不仅指有生命的动植物，而且还指没有情感的大千世界，其实情感也是相对的，我们的山河大地也是有情感的。一山一水，一石一木，都是众生，都有佛性。同时，我们把这种慈悲的爱扩展到天地自然中。

因此我们要学会无畏的精神，用无畏的慈悲去对待自己，对待别人，对待我们的天地自然。古人说："敬天畏地。"的确，我们要敬天如父，尊重大地如母。天地生养万物，人依万物而生存，我们的地球在46亿年前就形成了，我们应该知道，她承载万物，滋养万物，是众生的母亲，然而现在已经是伤痕累累。如果一切生物都能顺应自然的法则，地球还能够忍辱负重，继续培养万物，然而人类肆无忌惮的破坏，使得地球正快速步向毁灭。在过去，是大自然把我们所制造的一切垃圾都收藏起来，默默忍受人类无穷欲望的摧残，而今，我们的生态环境已经变得千疮百孔，满目疮痍，当我们从太空看到我们地球时，我们会发现现在的地球已经不是过去的地球了，而是如生重病。仿佛母亲受到了子女的折磨，仍然用韧力忍耐着，但是经年累月，他承受不了，终至累了，病了，垮了。

人生长在大地上，活在空气中，我们的生命与天地是一个彼此相互联结的共同体，大地需要我们用爱去疼惜，应该让她保持自己的自然状态。自然就是自然，海就是海，山就是山，人何必与山海争地呢？我们何必与自然争斗呢？老子在《道德经》中讲：“道生一，一生二，二生三，三生万物，万物负阴而抱阳，冲气以为和。”万物的运行都是要顺应“道”的，如果我们违背了“道”的法则就会破坏事物运行的规律，我们就会受到自然给我们的惩罚。因此，我们要顺应自然之道，“无为而治”。这里说的“无为而治”不是什么都不去做，什么都不去为，无为非不为，而是要顺天道而为、顺自然而为。当我们明白了自然规律，明白了生态伦理，我们就顺着生态伦理去做，我们就是无为而治。我们很多人明明知道自然地法则，明明知道砍伐会导致水土流失，但是仍然砍伐森林，知道乱扔垃圾会导致自然环境的污染，但还是乱扔，这就是不顺天道而为，这就是逆天道而行，是会受到天道的报应的。因此不论是砍伐山林，滥垦土地，或是与海争地，污染环境，发动战争，掠夺资源，都是违反自然法则的行为。人类头顶天、脚踏地，依赖天地的生养，必定要“敬天畏地”，尊重大自然！而如何帮助大地母亲疗养，恢复元气，使其能够再庇佑我们呢？这值得我们每个人反省，唯有顺天理、顺人伦，用慈悲大爱、无畏大爱来呵护，才能使大自然恢复健康。

二、接受现实，无畏无惧

在佛经中有这么一个故事，讲的是佛陀以慈悲心调服狂象的故事：

提婆达多得知佛陀的大弟子们都已带着僧众离开佛陀而分散各地后，又向阿阇世王说："佛陀的大弟子和很多僧众都已离去，现在城里只留下佛陀和阿难以及五百僧众，我们可以趁着人少的机会来消灭佛陀及僧众。"

第二天提婆达多叫国王请佛陀入宫接受供养，而他自己却用酒灌醉五百只大象，打算等佛陀走到半途时，把醉象放出使其狂奔，企图利用醉象去践踏佛陀及僧众。象不但力气很大，被灌醉后更会发狂而到处攻击人畜，极为危险。他们决定了计谋之后，阿阇世王第二天真的就依计行事，请佛陀来接受供养。

佛陀虽明知他们的计谋，但仍然很欢喜地接受。于是和阿难率领五百僧众向王宫前进，到了半路，一群疯狂的大象冲出来，所有的民众都惊慌走避，唯有佛陀、阿难和僧众安然不动。醉象已冲到近前，佛陀却仍然安立不动。

奇怪，这群原本疯狂怒奔、惊天动地呼啸而来的大象，到了佛陀及僧众跟前时竟然都安静下来，而且每一只大象都如五体投地般地跪下，温顺驯服。佛陀安详地露出笑容，摸一摸大象，然后穿过象群，走入王宫。

阿阇世王看到这幕景象心里很吃惊。他发觉佛陀不只具有调服人群的威德，即使是狂醉的象群，他都能驯服。所以，他内心起了敬畏之意，于是恭敬地供养佛陀。

佛陀对这件人为的“意外”不但不怨、不怒，接受供养后还真诚地祝福阿阇世王。我们普通的人受到他人一点点的欺侮，就要力争到底，而佛陀却是“被辱不嗔”，虽然受人侮辱、侵扰，甚至到了用醉象来加害的地步，佛都能毫不动气；不把侮辱放在心上，由此可知佛陀的心境已净如明镜，不起嗔恨等心念，心中常存着无量的爱心与慈悲宽容。佛陀对众生的慈悲，所展现出的正是对世间诸种现象的无畏。这就是我们凡夫所要认真学习、效法的最为高贵的忍德。这种大无畏精神源于佛觉悟了世间的空无，因为空无而无所畏惧。正如《心经》中所说的：“以无所得故，菩提萨埵依般若波罗蜜多故，心无挂碍；无挂碍故，无有恐怖，远离颠倒梦想，究竟涅槃。”菩萨因照见洞察到世间本性的虚无、五蕴的空，内心中没有任何的挂碍，因此也没有任何的恐惧，这就是大无畏。因此当我们认识到我们所面临的自然灾害的本性也是空的时候，我们就能够像佛陀一样无所畏惧，就能驯服我们内心的大象。

禅宗里有一个小故事，说一个孩子去放牛，开始时，牛是野牛，所以孩子每天都要跟在牛的后面，时时抓着牛的绳子，稍一疏忽它就跑得无影无踪。孩子天天都训练这头牛，吹一下哨子，就拉一下绳子，久而久之，牛变得越来越温顺，到了最后，孩子可以直接骑在牛背上，当他自己去睡觉时候，牛也不会跑了。我们所惧怕的就好比这头牛一样，我们总是想战胜我们内心的恐惧，恐惧就会四处乱窜，当我们让自己的信念慢慢静下来的时候，我们就会发现自己的心念慢慢地静定下来，内心也会慢慢地澄明下来。

有一个叫白隐的禅师，他德高望重，高尚的美德远近闻名。

在白隐禅师所在的寺院附近住着一户人家，这户人家有一个未婚的女孩。有一天，女孩的父母发现女儿怀孕了，于是大发雷霆，追问孩子的爸爸是谁。女孩迫于压力，就说了白隐的名字。女孩的父母听后，拉着女儿就去找白隐禅师兴师问罪，想不到一个德高望重的和尚，竟也做出这样见不得人的事。白隐得知了他们的来意后，只轻轻地说了一句："是这样吗？"

孩子生出来以后，他们怕丢人，就抱到了寺里送给了白隐，白隐接过孩子，只轻轻地说了一句："是这样吗？"

从此以后，白隐名誉扫地，臭名远扬。他为了抚养孩子，挨家挨户去乞讨奶水，忍受了数不清的讥笑辱骂。

孩子在他的精心照料下，一天天健康地长大。

这一切，都被孩子的母亲，那个年轻的女孩看在眼里，她被感动了，母爱在她心里复苏，她终于良心发现，向父母禀告，孩子的父亲不是白隐禅师，而是一位在渔市上工作的青年。

女孩与其父母再一次来到寺院，向白隐禅师道歉、忏悔，并要领回孩子。只见白隐禅师仔细地把孩子包好，送到他们手中，然后，轻轻地说了一句："是这样吗？"

在这个故事里，我们看到一位不平凡的禅师的伟大人格，对于一位德高望重的禅师来说，声誉是何等的重要，如果白隐禅师稍微有一点人相、我相的束缚，他是无论如何也无法忍受别人无故造作指正他犯戒而生下孩子的大辱的。幸好禅师有极高的修为境界，他早已超越了人相、我相，所以当有人诬赖他不守清规时，他心中如如不动，因为禅师明白“假我无一是，辱也何有实”的道理，所以面对无故被辱，他只平淡地说“是这样吗”，这是以不辩为解脱，所谓谣言止于智者，对于别人的凭空责难、诬蔑，若忍不住辩解，有时是适得其反，就是俗话所说的，越描越黑，所以具有大智慧的禅师，以一句既非肯定又非否定的言语“是这样吗”善巧地回应了诬赖者的搅闹，使一场本来会成为轩然大波的事件，轻轻平息了下来。另外，禅师还考虑到要保护诬赖自己的女孩，故而他宁肯牺牲一位禅师的珍贵声誉，默然承受了一切难忍能忍的困辱。可见，禅师不仅有面对是非以不辩为解脱的智慧，更有连诬赖、责难自己的人，都能充分原谅和施以援手的大慈悲，尤其是在真相大白以后，禅师仍以心如止水的超然风度，淡淡地说了一句“是这样吗”，此时，每个总是忘不了时刻保护自己，稍有伤害就暴跳如雷的凡夫，都深深为禅师感动、震撼了。

佛家的启示告诉我们，国土危脆、人生无常，一颗心无时无刻不吊在半空中，总是担心四处的灾情。而我们说信仰佛教不是让你去寺庙里枯坐如柴，无所事事，更不是烧香拜佛，求子求财，而是让你学习佛教的智慧，践行佛陀对我们生命的启示，对世界本来的认知，对自然界变化本质的了解。首先做好一个人，以平淡的心去面对我们生活中的起起伏伏，做好分内的每一件事情，饶益社会，在忙碌孤独的现代生活中，拥有一个宁静的内心世界。在无助的自然灾害面前，保持一个清净的自我。在纷纷扰扰的角逐中不至于迷失自我，让我们在最茫然无知的时候，能够回归自我，反观自己的本心，觉知自己的心灵，放弃那些多余的、无可必要的执取，让自己的心安住在宁静、祥和的状态中。我们不必过度沉湎于灾害的恐惧与伤痛中，而是要直接面对自然灾害，敢于正视这一切，因为我们在痛苦的现实面前，仍然可以保存我们内心的那份敬畏，对自我精神的敬畏。

三、非善非恶是人心

什么是“善”？什么是“恶”？“善”与“恶”都是一种人的存在。人的存在就是社会的存在，也就是说人不可能脱离社会孤独的存在，人的所思所想，所言所行，所知所感，乃至一切美德（善）或者缺德（恶）都只能通过社会，通过人与人之间的交往、联系、相处体现出来。

从生态学意义上来讲，佛教的缘起论就是承认世间万有都是一个互相依存的统一体，人与自然都是由因缘和合而成的，所以自然界与人是一个共同体，这就要求我们互相尊重，尊重自然就是尊重我们人类。缘起慈悲就是指由众生缘起而生慈悲，由于众生皆由缘而起，故生慈悲。慈悲就是止恶行善，净化人心，庄严国土，利乐有情，普度众生，进入人间净土。按照佛法来讲，我们之所以要对我们生存的世界满怀着一颗慈悲的心，爱惜我们生活的世界，不要恣意地伤害我们生存的人间净土，是因为我们每天所看到这些有情或是无情众生可能在累劫之前还是我们的父母或是亲人，可能因为造了恶业而堕入了六道中的其他道理。此外，如果从因果方面来说，我们残暴地虐待众生，那么我们也会得到相应的报应。佛教说“业感缘起”论指世间的一切生老病死等苦果，都是自己的业力所感召而来的，不是别人或外界所增加的，有什么样的因，就会有什么样的果报。方立天先生指出：“从生态学视角来诠释佛教缘起论的思想，我们可以得出这样一些思想启示。诸如，由缘起论推导出生态是一定条件、原因互相依赖、互相作用的结果的论点，由此又昭示我们：个人、人类和社会都不是独立存在的，而是与自然紧密相连的存在。损害自然，就是损害人类自身；破坏自然，就是破坏人类自身的存在。由此还昭示我们：如何防止人为的生态破坏，如何维护正常的生态平衡，如何完善相关条件、因素以利于生态提升，是人类应尽的职责，也是人类保护自身应尽的职责。”

进入工业文明时期以后，由于工业发展的需要，人们不断地向自然索取各种自然资源，在索取的同时也给予自然“剩余物”——工业文明的垃圾，这些垃圾从自然中来，最后又回到自然中去，最后导致环境污染，生态不平衡，自然灾害和社会动乱不断发生。回溯这些问题产生的“上游”时期，我们可以清晰地发现，这些问题的出现不是一朝一夕的事情，而是我们不断掠夺自然物的结果。如果我们明白佛法的精髓，明了因果报应，我们就不会这样肆无忌惮的毁坏我们的自然。改变这些问题的根源不是靠现在的科技手段、资金的投入来解决的，如果我们只是一味地渴求通过科技的发展来解决发展中的问题，那无异于是缘木求鱼，舍本逐末，更是饮鸩止渴，我们最终永远也走不出这个生态循环的怪圈，最终的结果只是自我的毁灭。

现代社会，剩余产品急剧膨胀，我们每天所看到的都是不断的刺激我们消费和索取的文化意识形态，充斥着我们眼球和大脑的是怎样消费才会更舒适，更具有“品位”，更具有现代人的气息。我们对年轻一代的教育也是这样，通过物质生活的提高来刺激年轻人不断地精进和努力，我们这一代已经在残害自然了，我们却同样的还让我们的下一代继续我们走过的路。台湾著名教育家王财贵先生疾呼："我们已经被残害了，不要再障碍我们的下一代了"。著名净土宗大德净空法师也在呼吁："21世纪能拯救全世界的只能是大乘佛法和中国的传统文化。"如果我们每天所面对的是大乘佛法和中国传统文化，那么我们就不会在这里一面喊哭，一面却在幸灾乐祸。所以拯救我们的生态和我们人类的社会之疾，要从中国的传统文化中寻找教育的根，回归经典教育，让古圣先贤的智慧来教育我们及下一代。

当我们面对重大的自然灾害时，我们要让自己的心静定下来，因为人心的静定才能平息愤怒、嫉妒、恐惧等心灵的灾难。我们生存的大千世界是一个彼此相因相待的世界，并非独立的存在，而是因缘依据，彼此互相依存而存在的。外在世界的变化都和我们人的内心有关，地球上所发生的那些自然灾害，也和我们内在的心灵变化有关。我们可以说，世界上一切的灾难都源于我们内心的欲望、贪爱、执着。

台湾慈济证严法师说："我们只有做好自我的心灵环保，让内心的四周风平浪静，才不会让自己的心堕入险境。因为大自然有'气流'，人心也有气流，我相信人的心灵与大自然的心灵是能够互相感应的。只要人人心中有一股清流，有一份对天地自然的戒慎，真正对大自然生起尊重敬爱之心，就能获得天地平安、风调雨顺。"

人群的聚集会形成“人气”，心念的汇聚也能化为力量。天地的大乾坤受到污染酿成灾变，我们人人的心地，也有一个小乾坤，若人心偏差，人们彼此咒骂，这种声波效应，会为家庭、社会、国家带来灾难；若人人以“和”相待、用最虔诚的一念善心祈祷，让一股股清流汇聚，就能产生“福气”，推开灾难的气流。

就如同大自然的“温室效应”引发天灾一样，人与人之间的怒气也会造成恶业的气流，引发灾厄。如何推开这股恶业的气流？只要众人把握住每一个刹那生起的好念。因为“温室效应”其实来自于人的“心室效应”，一念恶是一分浊流，一念善就是一分清流，社会上好人凝聚越多，人心净化的越好，善的“心室效应”越强——人人汇聚善的心念：互助、互爱、感恩及尊重，就能冲淡“温室效应”，缔造平安和祥和。

所以，要从修养个人的心性做起，推及家庭、社会、人人的心、气、力和谐，自然就会往善的方向凝聚福力。众生共业，若恶业增加趋重，善人减少，力量也变轻，将加速世间受恶力毁坏的循环；众生是心力效应，期待大家来提倡好的、善的影响，多一份善力，善的力量大，才能风调雨顺。

六祖惠能在《坛经》中说道：“见一念善，智慧即生。一灯能除千年暗，一智能灭万年愚。……一念恶报却千年善亡，一念善报却千年恶灭。”我们内心中生起一个善念，我们就能够生起智慧来，这样的智慧就好比灯的光明一样，去除千万年的黑暗，消除累世的愚昧。因此，我们当下的一念心非常重要。“前念迷即凡夫，后念悟即佛”，凡夫和佛之间的差别就在一念之间，我们内心的一念竟然有这么大的作用，所以我们要关注我们内心的每一念，让我们内心的每一个念头都是至善的，清净的，我们内心就是无畏的。什么是大无畏精神，我觉得我们要敢于面对我们内心的黑暗，并把我们内心的黑暗转化为光明，这就是大无畏的力量，我们首先要去面对，去接受，当我们敢于去接受黑暗的时候，我们就可以把内心的黑暗转化为菩提。佛教讲的“转识成智”说的就是这个意思，我们把我们内心那些苦难的心识、烦恼的念想一一转变为我们觉悟人生的正确知见，去开启我们内心的原初智慧，这就是凡夫向佛的转变，这就是觉悟的转变。

这并非迷信，而是我们通过我们这颗平静的内心，我们就可以去改变我们外在的行为，我们就会呈现出一种外在的祥和与安定。当面对自然灾害的时候，我们可能经历着失去家园的苦痛，我们可能失去了我们最爱的亲人，我们可能失去了我们的财产，甚至我们也因灾害而变得残疾。但是我们不能失去那生命的本来面目，我们不能失去那份对生活的坦荡与自然。因为佛教给我们面对生活的态度是，泰然自若。

我们每个人就好比地球上的一滴水，我们每个人的改变都会带来地球的改变，所以不要藐视自己的力量之微薄，而是要思考自我与世界的一体，当我们体认到自我与世界的统一时，我们就会用疼爱自我的心去抚慰地球，我们才能真正通过“净化人心”来净化世界。将我们内心对自我和地球万物的爱启发出来，释放出来，让每个人都能听到，让世界的每一个角落都能感受到。人力不能胜天，在宇宙和自然面前，我们要保持一颗敬畏的心，我们要有一种敬天畏地的信仰。“勿因善小而不为，勿因恶小而为之。”动手做环保就是保护地球，不要嫌弃自己的力量小，只要用心、积极，把握分秒不空过，时间累积，就能够影响深远。

证严法师说：地球是大家的，我们都有责任保护它，不要怕力量小，我们要做别人不愿意做的事，“以身作则”，就能够感动别人一同来做。所谓“一手动时千手动，一眼观时千眼观”，如果看到脏乱就能动手清理，地球才能清净，资源才会充足；若只想顾好自己的家，别人的家不干净，臭味一样会到处飘散。从一个家庭，进而地区、乡镇，乃至一个国家，只要大家肯动手做，同心出力，我想环境要净化不会太难。

我们要把这样的精神、知识、理念传递到全球，就必须先将环保落实在自己的生活中。请大家不要轻视自己的一份力量，不要忽视自己的一个动作，即使是小小的力量与动作，都可能成为带动全球的力量。因为小小的善若能集合起来，就是大的善，让垃圾变成黄金，黄金变爱心，爱心化清流，清流绕全球，滋润大地，净化人心。

第三讲

生老病死　众缘和合——无畏生死性格的养成

一、活着是一种修行

每次想到生死的问题，我就总想起电影《非诚勿扰2》中主人公李香山在自己的“人生告别会”上女儿川川读给他的那首诗，据说这首诗是六世达赖喇嘛仓央嘉措写的，这首诗的内容是：

你见，或者不见我

我就在那里

不悲　不喜

你念，或者不念我

情就在那里

不来　不去

你爱，或者不爱我

爱就在那里

不增　不减

你跟，或者不跟我

我的手就在你手里

不舍　不弃

来我的怀里

或者

让我住进你的心里

默然　相爱

寂静　欢喜

很多人对死亡充满恐惧，不敢去接受死亡这个现实，觉得死亡意味着失去，当我们离开这个世界的时候，我们首先失去的是自己的身体，我们不再能拥有属于自己的这个身体，其次是我们所拥有的亲戚朋友、财富、婚姻、爱情等一切带不走的东西。我们因为害怕失去而恐惧死亡，如果我们真的明白这一切都不是我们的，那也许我们就不会因为过度的留恋现世的一切而充满恐惧。我们就完全可以心安理得地离开这个世界，不用这么害怕死亡。

什么是生命，生命是我们每个人自己正在不断经历的，每天都要去面对的。西方的基督教认为，我们的生命是由上帝创造的，因此我们都是上帝的子民，我们每个人都是一个个有限的存在，我们很难去认识那那个全知全能的造物主——上帝。他是无始的，因为佛教讲生命是缘起的，生命是由父母精血以及业识的因缘和合而来。我们作为胎儿的时候，在母亲的体内经历了种种苦痛。证严法师曾经说过：生命的构造是非常的奥妙的，但是我常说，人对于自己的躯体，只有使用权，没有所有权，生、老、病、死是每个人不能避免的。生，已经来了；老，是很自然的事；死，更是每个人都逃不过的事实。

而在佛教看来，我们的生命是一个缘起的假象，是由色、受、想、行、识五蕴聚合而成的。在佛教产生之前，印度存在着婆罗门教，婆罗门教的核心思想就是承认生命是有我的。他们认为生命的本质就是我，在人的身心表现上就是“小我”，而在本质层面看则是一个“大我”。这个“大我”在婆罗门教看来也可以称作是梵。梵是世界的本质，是宇宙一切万物的基础，这个梵也被称作“我”或者“大我”，与构成人身主宰的“小我”是统一的，人因为不能认识到“大我”与“小我”的“梵我同一”，因而处在不断地痛苦业报轮回中，只有认识到梵才能够觉悟，才能摆脱痛苦轮回。在婆罗门教的《大林间奥义书》中写道：“若知此自我，我即彼神人，更复有何求，贪欲恋此身。若人已求得，觉知此自我，于此聚集神，渊薮已深入；则为遍作者，宇宙之大化；世界属于彼，彼即此世界。”这里清楚地谈到宇宙的一切都是梵的大化所成，梵是一切的造作者，只要认识到自我，认识到大梵，我们的个体生命就可以获得解脱，即可以从此岸世界走向彼岸世界。此外，早期的奥义书中还提到了“五火二道”理论，所谓“五火”主要是指人死后到再出生的五个轮回阶段，即人死被火葬后，先进入月亮；再变成雨；雨下到地上变成食物；食物被吞食后变成精子；最后进入母胎出生。二道即是“神道”和“祖道”，神道即人死后进入梵界，不再回到原来的那个世界中来；“祖道”指人死后根据五火顺序再一次回到原来的那个世界中。

佛教认为世界不存在一个永恒的主体我，不存在一个超越的“我”即大梵的存在，世间的诸种事物都是由因缘和合而成的，因此不存在我。人的生命体是由“地、水、火、风”四大假合而成的，“地”指的是我们身体上坚质的东西，如：肉、骨、齿等。

“水”指的是身上的湿润物，如：泪、汗、血、尿等体内的液体。“火”指的是我们身体的体温，我们身体中的热性。“风”则是维持生存的呼吸。四大有任何一样不调和，身体就会生病，如果我们的病一直不能治愈，其终点就是死亡；死亡之后，我们的身体四大又要回归自然界——尸水流出归为水，腐肉归为土，热气退散归为火，呼吸停止归为风，可见身体的四大，到最后仍归于宇宙的四大。这样看来，我们每个人的身体还有什么可以执着的？四大一散，还有一个“我”的存在吗？完全是不可能的。而我们每个人来到人间，最消福的就是身体；要吃最好的、最有营养的，要穿名牌才有派头，要睡舒服的床……由于迷失了正确的生活，迷失在自己的衣、食、住、行里，所以就尽情地消费，然而，这个身体是否真正的属于“我”呢？其实是不存在一个主宰性的“我”的，这个“我”只是假名的存在而已。

相反，人们正是由于执着于“我”的观念，才会产生种种痛苦。佛教的根本教义在于使人认识到世间诸苦，进而摆脱六道的痛苦轮回，因此提出了“诸行无常、诸法无我、涅槃寂静”三法印。其中无常无我就是否定存在一个恒常的我的观念，诸行无常是说世间一切事物无时不在生、住、异、灭中，过去有的，现在起了变化，现在有的，将来也终归幻灭；诸法无我是说在一切有为无为的诸法中，无有我的实体；涅槃寂静是说涅槃的境界，灭除一切生死的痛苦，无为安乐，故涅槃是寂静的。凡符合此三原则的，便是佛正法，有如世间印信，用为证明，故名“法印”。

由此我们可以看出，佛教的无常无我思想是针对婆罗门教“梵我同一”的思想所提出来的，同时其无常无我理论也进一步地影响了其轮回解脱之说。

禅宗有一句话：“无常迅速，生死事大。”这是生命的无常的揭示，生死一直是我们每个人最大的苦恼，生存在天地之间，无法逃避的是肉体生命的生、老、病、死，这是轮回的根本，但却是每个人必须经历与面对的。佛教对待生死问题，并非消极地去看待，而是积极去改变，佛教讲“命自我立”，我们每个人来到这个世界上，具有不同的使命，都肩负着不同的任务，因此我们的经历都不尽相同，这是我们每个人的差异性，但是最终我们都要回归到生命的寂灭中去。

老子在《道德经》中讲道：“夫物芸芸，各复归其根，归根曰静，静曰复命，复命曰常，知常曰明，不知常，妄作凶。”人作为芸芸众生，来到这个世界上，我们慢慢离开自己的家庭，四处漂泊，在外面求学，四处去求道，有的人在为自己的事业而努力，这一切就好比一列离开始发站的列车，奔驰在自己人生的轨道上。但是不论我们在外面漂多少年，在外地待几辈子，我们都要回归到生命的自我中去，列车终究要停靠在终点站，我们最终也要回归到每个人的根本上来，这个根本是什么呢，也就是自我的本性，都要去认识我们每个人自我的本心。当我们回到我们每个人生命的根本的时候，我们的生命就达到了静的状态，达到了静也就是回到了我们生命的本性中。当我们回到我们的生命的本身的时候我们就知道了生命的本质和规律，我们就明白、洞见了生命之自我实相，如果我们不了解生命的实相，不知道生命的规律，那我们就会面临灾害。

因此，我们每个人都必须了解自我生命的本质实相，并且按照生命的规律去生存、去生活才能顺乎天道。《中庸》的开始就讲道："天命之谓性，率性之谓道。"什么叫做性，上天所赋予我们的就叫做性，我们按照上天赋予我们的性去做事就是叫做道，因此这个道也可以叫做人的道，因此人之道与天之道是相互通达的。当我们认识到天道与人道的统一的时候，我们就会超越我们现在的肉体本身，觉知我们生命还有另外一个层次，这个层次就是可以与天地相通达的形而上的方面。因此，我们每个人的生命状态除了我们现在的肉体的这个层次外，还有形而上的精神层面的东西，而形而上的精神层面更值得我们去追求。因为物质的、肉体的终究不是长久的，我们今天可能有一千万，一百万，可能我们明天就没有了。也许我们今天有好的精神、健康的身体，但是谁也不知道什么时候我们会生病，可能明天去医院检查就检查出疾病，我们就需要住院动手术。这就是生命的无常，人生的无常，我们不用惧怕生命的无常，因为生活本来就是这样，这不是说上天在玩弄你，而是我们活在这个地球上就是这样，这就是我们的生命的常态。因此，我们总是说生命无常，人生无常，但是当我们认识到这些无常的时候，我们要用一颗常态的心去面对。我们不会因为经历人生的大起大落而感到痛苦无助，我们也不会因为自己的成功而迷失自我。当我们在自然灾害面前面对亲人的离去，面对房屋财产的损失，面对家园的毁灭，我们要知道这就是自然界的无常，这就是人世间的无常，没有谁能够逃出生命的无常。可能你会说我今天这样生活，明天还是这样生活，没有什么无常，都是常的。你怎么知道后天还是这样，下个月还是这样，明年还是这样，这也是无常啊！人生因为无常，所以是苦的，一般人不知道苦从哪里来，实际上我们说的“苦”在佛教看来存在着四苦或是八苦，四苦指的是生、老、病、死。生并非仅仅指的是出生，而更多的是生存、生活；人在出生之后，在每天的生活生存中，本身就是一个苦的事实。在这个苦中又含有无常，无常就是由少小而变成衰老，老是指的是生命的过程，一天一天地过去，一天天地走向衰老。一般的人估计不会觉得生命的过程是痛苦的，其实我们多过去一天，就有一天的不舒服。人还年轻的时候就害怕死、死亡的威胁及死亡的事实，都是最苦的事。

除了上面的四种苦之外，还有求不得苦，怨憎会苦，爱别离苦和五盛阴苦。这四苦与上面的四苦加起来就是八苦，这些苦都是由无常的关系而造成的。求不得苦指的是所求的对象在变化，自己也在变化，条件也在变化，所以求不到。就好比我们年轻人去追求一个女孩子，因为别人不喜欢你，你却苦苦地不放手，这就是求不得。也有的是自己心爱的朋友因为因缘的变化，最后离自己而去，这也是求不得。怨憎会苦指的是两个人相互有恩，因为两个人彼此有恩怨，所以结的怨比较深，因为和自己存在着一定的利害关系，彼此之间互相冲突，所以就成了冤家，而且有时候我们还会经常和自己的冤家碰到一起。爱别离苦是很容易明白的，我们的男女朋友之爱，夫妻之爱，父母对子女之爱，朋友之间的爱，师生之间的爱，当我们快离别的时候，不免伤感、痛苦，这也是无常所带来的。五盛阴苦也就是四大不调，心理矛盾，精神失控。四大指的是物质的身体不调和，因为他的变化无法控制预料，就成了病苦。还有自我的思想，内外发生冲突，自己的思想在变化，外在的环境也在变化，不能适应；自己折磨自己，前念和后念互相较劲；昨天的想法和今天的想法不一致；鱼和熊掌不能兼得的冲突；理想和现实的脱节；物质与精神的失衡等，便造成了恶业，一生又一生的受苦报，五蕴相续。

二、生命的缘起，死亡的回归

我们讲慈悲，可是慈悲精神从哪里来，慈悲从缘起法中来。很多人可能都会有这样的疑问，我们为什么要对我们所处的世界表现出慈悲精神、无畏精神。佛陀在早期的《杂阿含经》中说："此有固彼有，此起故彼起。"因为有此，所以才能够有彼，彼此是互相依靠而存在的，因为有光我们才能看得见，因为看得见我们才能去认知世界。在《中阿含经》中说："若有此则有彼，若无此则无彼，若生此则生彼，若灭此则灭彼。"慈悲精神由缘而起，无畏精神也是因为缘起的法则而产生，因为世界都是缘起而生，所以佛菩萨生起悲智心来。佛教认为世界的一切事物都是由因缘和合而成的。龙树菩萨是佛教中观派的重要开创者，他在《中论》中说："未曾有一法，不从因缘生，是故一切法，无不是空者。"这里强调一切事物毫无例外的都是因缘而生。自然界山河大地、宇宙的天地万物都是因缘聚合而成的结果。

缘起指的是世间的一切众生都是由因缘和合而成的，同时这些缘起的事物又内在的包含了事物的本体，华严宗的法藏大师在《华严金狮子章》中明指出事物的本体和现象是圆融无碍的，现象之中包含着本体，本体又内在地含藏在现象之中。这就是我们常说的"芥子容须弥，毛孔收纳海"。一粒小小的芥子能够容纳须弥大山，一个微细的毛孔也能容纳大海之水。这就是华严宗的智慧。

"一即是多，多即是一"的哲学思想在华严宗和天台宗的哲学思想中体现得十分明显。正是由于事物的本体是统一的，不同的只是万象，一切有情和无情的事物，其本质都是一样的，都是佛性本具的。华严宗中常常以“狮子毛”、“狮子”、“因陀罗网”为譬喻来揭示本体与现象之间相互摄藏，相互融合。同时在华严宗的四法界中理事无碍法界、事事无碍法界也蕴含着万物整体性，相互映摄，一事物中包含着万法，所有的事物之间都是相互联系的。魏德东老师认为：“正是在整体论的基础上，大乘佛教发展出大慈大悲、天下一体的菩萨情怀。《维摩诘经》典型体现了这一精神。”维摩诘是居住在毗耶离城的一位在家的大菩萨，相传是金粟如来的化身，自东方的妙喜国化生于此，以居士身份教化世人。他以自己的生病方便示现，为众生演说不可思议的解脱妙法。维摩诘将自己与众生看为一体，以一切世人的病痛为自己的病痛，把一切众生的烦恼作为自己的烦恼。因此只有众生世人摆脱了疾病烦恼，他自己才能无病自得。这是何等的大无畏，把别人的病痛当做自己的病痛，把别人的痛苦当做自己的痛苦。

圣严法师在《禅的世界》中讲到一个这样的真实故事：

曾经有位居士的太太在路上行走的过程中，被一位出租车司机撞死了。出租车司机没有钱赔偿，便准备坐牢，结果这位居士反而去安慰那位肇事的司机说：“请你不要害怕、不安，我是佛教徒，我的太太已被撞死了，但是你家中尚有妻儿，需要你赚钱活口，从今以后，希望你小心驾驶，要时常念佛号、念观世音菩萨圣号，心里要经常保持平静，不要急着抢路，每天出门前及回家后，要多拜佛，多念佛，这样子出门就会平安。你自己平安，人家也会平安。”司机感动得痛哭流涕，觉得自己是魔鬼，幸而遇到了一尊佛。这是真实的例子，这位居士目前健在，已经在美国出家。这位居士是用慈悲来处理他人的事情，他自己的太太被撞死了，当然很悲伤、哀痛，从此以后做更多的善事来纪念回报他的太太。

当我们面对自己亲人离去的时候，我们是否能具有一颗慈悲的心去面对生命的死亡，如果我们了解到生命的无限性，这辈子的生命只是我们每个人神识暂时居住的一个躯壳，等这辈子结束之后，我们就会换到另一个躯壳里面去。这就好比我们每个人的电脑的内存条或是硬盘，在这个电脑的内存条里存储了大量的信息，假如有一天这个电脑坏了，我们可以把这个内存条插到另外一个电脑中去。在另一台电脑上，我们同样可以读出以前的数据来，这就是我们的神识的作用。所以，当我们的生命走向死亡的时候，我们的神识就会离开我们的身体，到别的地方去入住。一般人总是执着于我们的身体，所以总是很痛苦，而我们不知道自己生命的实相，破除对自我肉体的执着。我们应该常怀一颗慈悲之心正视生命的死亡，让每个生命的离去都显得那么自然，那么安详。这也是我们对自我生命的一种尊重与敬畏。面对人身的死亡或是亲人的离去的时候，当我们内心生起怨恨之心、抱怨之心之时，我们就给了亲人一种负面的信息、消极的信息，我们更多的是要为他们祈祷、超度，而并非世俗的痛苦折磨。

《庄子·至乐》篇中记载：庄子妻死，惠子吊之，庄子则方箕踞鼓盆而歌。惠子曰：“与人居，长子老身，死不哭亦足矣，又鼓盆而歌，不亦甚乎！”庄子曰：“不然。是其始死也，我独何能无概然！察其始而本无生，非徒无生也而本无形，非徒无形也而本无气。杂乎芒芴之间，变而有气，气变而有形，形变而有生，今又变而之死，是相与为春秋冬夏四时行也。人且偃然寝于巨室，而我嗷嗷然随而哭之，自以为不通乎命，故止也。”

庄子面对自己妻子的死亡也是如此平淡，用一颗平常心正视生命的死亡，因为在庄子看来，妻子的离去是不值得痛苦的，因为死亡是对生命的一种回归，我们的身体死亡之后，我们的肉体就会腐烂，回归到自然界的地、水、火、风四大中去。因此庄子是很有智慧的，他洞见了我们生命的实相，了解到自我的形体只是气化流行的结果。我们的身体本来就没有生的这么一个过程，天地之间万物的产生都是由于气的流行而形成，因为气的凝聚，所以形成了我们的身体，当我们的形体消亡的时候，就相当于是气散了。因此生命的变化和死亡就如同四时的变化一样，这是很自然的现象。甚至在庄子看来，死亡不过是一场生命的回归，回归到我们原来的气的状态中去，所以他鼓盆而歌是在庆祝一种生命的回归，绝非对死亡的不尊重。这就叫做视死如归，死亡就好比我们回到了自己的家里，回到了自己原来的那个位置上一样。因此，当我们对生命有这样的认识的时候，我们就不会再惧怕死亡的来临，而是用一种大无畏的精神面貌去面对死亡、面对病痛的折磨。

三、生命庄严，人体捐赠

慈济功德会有慈善、医疗、教育、人文四大志业，其中人体骨髓捐赠是一个非常重要的方面。证严法师是台湾慈济功德会的创办人，她认为人体的多元捐赠是对生命的另一重敬畏。她在《与地球共生息》中讲道：

人生，最后一口气吞下去就结束了，但往生之后躯壳要怎么处理呢？我们一般看到的是土葬，但是这的确是很好的选择吗？其实，遗体放在棺材里就会肿胀溃烂，同时又会长期被虫蚁侵噬，奇臭无比；也许有的人会说火葬是很好的方法，一把火化成骨灰，那不是很可惜吗？回想起来筹建医院的时候虽然当年的科技尚未如今日般发达，但我已经开始提倡器官捐赠的观念：若我们的身体走到无法再使用的末端，可让部分功能尚存的器官，在别人身上继续发挥作用。因为器官捐赠不但能使许多人恢复健康，也等于拯救了很多家庭的幸福。

在《佛本生经》中记载了这么一个故事：佛陀不忍心看到一头母虎处在饥饿的边缘，想通过食一只幼虎以便周全自身与其他幼虎，因而舍身喂虎。这是佛陀累世修行中的一段过程，既身为佛教徒，也应该学习佛陀发大愿，立大心，真正做到“头目髓脑悉施人”的慈悲境界。

人体的多元捐赠不但让往生后的身体也能“做环保”，更能够彻底落实“资源回收”。假如是我，很希望自己到了最后那一天还能有所用，至少把身体奉献出来提供医疗教学。因为人生最苦莫过于病痛，病痛得以减轻、解除，是最令人感恩和欢喜的事情，若医学教育能够做好，医疗技术就能提升，利益后人。

我突然想起曾经有位活佛和我说过的话："当我们在做利他的事情的时候，就不要再求利已了。"当时我很不理解这句话，因为佛法告诉我们，度己度人，我们连自己都没有度好怎样才能去度别人呢？所以我不是很赞同这句话。后来在慢慢地实践中，我发现我错了，当我读到上面故事的时候，我突然明白了，活佛说的自利和利他是不二的，不是对立的。我们很多人喜欢把自我和别人对立起来，总是想着自己的利益，当涉及别人的一点点利益的时候，我们就生怕自己的利益受到损害。

我们可以看到，证严法师对待生命的死亡的态度是如此的坦荡，她设想在生命的最后一刻都是想着怎么样为这个世界留下更多有价值的东西，这源自于她内心深处对现实的苦难或是众生的悲悯情怀。当我们对这个世界有一份慈悲的时候，我们也会选择这样的生活方式。

第四讲

悲惨世界　享乐人生——乐天达观性格的养成

作为一个四体健全的普通人，我们常常深感人生在世不如意之事十之八九，我们常常抱怨世界充满各种恶和苦难，常常觉得自己处处不如人，常常觉得命运之神似乎在捉弄我们，因此整天愁容满面、自卑失落，我们有时甚至不想活下去。那么假如你是一名残疾人，你的人生是不是会更加悲惨，你的世界是不是会更加凄凉，你还有活下去的勇气吗？且看，中国的张海迪，5岁时因患脊髓病导致高位截瘫，却以顽强的毅力和恒心与疾病做斗争，对人生充满了信心，从未进过学校大门，却发奋自学获得哲学硕士，成为著名作家；且看，美国的海伦凯勒，自幼聋盲却以顽强的毅力掌握五国语言，成为著名的作家，并以广博的慈悲之心致力于帮助残疾人而成为著名慈善家。这样的例子不胜枚举，如中国古有著名兵家孙膑，今有著名运动员桑兰；外国古有盲人诗人荷马，今有著名科学家斯蒂芬·霍金等，他们都有对命运的不屈服，对美好生活的渴望和对人生价值的追求，他们努力拼搏奋进，不在艰难与挫折中沉沦而消磨生命，正视生命的现实，珍惜难得的人身，努力在艰难困苦的条件下活出精彩、活出自信。

有一句话流行已久，但一直鼓励我们奋进，那就是“上天给你关上了一扇门，将为你开启另外一扇门”。自然界有一种平衡的力量，上天让我们失去了一方面的能力，将在另一方面给我们加倍奉还，再说生命的潜能是无穷大的，我们有取之不尽用之不竭的潜能，依然能够创造出精彩的人生。其实当我们真正通达了生命、真正成为我们命运的主宰者，那么我们可以在任何给定的生命基础上，创造出属于自己独特而弥足珍贵的精彩生活以及实现自己特殊的人生意义。

不用愁苦，不用忧郁，即使面对生活的困境，我们一样能够活出精彩，一样能够过上幸福充实的生活，一样能够成为天地间一个独特的精灵；我们依然能够打开生命的大门，成就清净自在圆满的生命。释迦牟尼佛成道后的第一句话就是“奇哉奇哉！一切众生皆具如来智慧德相，但因妄想执着不能证得”；《华严经》中说“无一众生而不具有如来智慧，但以妄想颠倒执着而不证得”。佛就是大彻大悟之人的意思。释迦牟尼佛就是一个了悟宇宙人生真相的人，他告诉我们一切众生都可以成就如此的生命境界，在这里众生平等无有人我差别，无有残疾健全的差别，只要我们真正破除妄想执着无明愚痴，我们真实的生命将如如朗现，与佛无二无别。那么打开成就生命的大门的钥匙在哪里呢？养成大无畏精神勇敢面对人生活出精彩人生的法宝在哪里呢？

一、人生难得，珍惜生命

首先，我们成为人身的机会是非常稀有难得的。作为一个人，无论是四体健全的，还是有某部位或者某些部分残疾的人，只要我们来到人间了，第一件事情就是珍惜我们难得的生命。佛告诉我们“人生难得”。佛曾经指示说“得人身者如爪上土，失人身者如大地”，就是说我们在六道轮回中得到人身的机会是非常稀有难得的，就像这无量无边之土中，能够粘到西瓜上的那几粒微尘那么稀少，佛在其他场合给弟子开示说，得到人身就如同在无边无量的恒河沙中用手抓取的一把沙子那么稀有难得，概率之低着实令人难以想象，因此，我们此生作为人，其实已经非常难得了，是我们生命长河中的一大幸事，值得我们好好珍惜这个短暂的做人机会。

在这里很有必要给读者介绍一下我为什么说我们做人身的机会是十分的稀有难得，这是六道轮回的结果。这里需要给读者补充一点关于十界与六道轮回的佛教知识。首先是十界理论。佛教讲的十界分别是指：地狱、饿鬼、畜生、阿修罗、人、天、声闻、缘觉、菩萨和佛。首先明白六道。佛教认为地狱界是指地下八寒八热的牢狱，犯上品之五逆十恶者生于其中，受无穷之极苦；饿鬼界在地下五百由旬之处，造下品之五逆十恶者生于其中，不得饮食，受苦无穷；畜生界指披毛戴角麟甲羽毛四足多足之生类，造中品之五逆十恶者受生其中，互相吞啖，受苦无穷；阿修罗界，位于大海底，怀猜忌心胜他心修下品十善者受生其中，常与诸天斗争而忧恼苦逼；

人界在须弥四洲，持五戒（不杀、不盗、不淫、不妄、不饮酒），具修中品十善者受生其中，常贪惜自身恋着眷属，苦乐交错；天界是修上品十善又兼修禅定者之受报处，有三界二十八天之别，此虽为胜妙之果报，但福报享尽，也不能免天人五衰之下场。以上统称为六道。在六道中的众生称为六凡，因其所造作的业力牵引而在其中轮回不休。至于具体落到哪一道，就看其有生之日所作所为的结果。其次明白四圣道。声闻界为小乘之境界，属此界者闻佛之声教、观四谛之法而证空理，终入无余涅槃，灰身灭智；缘觉界亦是小乘之境界，属此界者观十二因缘而证空理，然独乐善寂亦入无余涅槃；菩萨界为大乘之境界，属此界者起四弘誓愿，修行六度以期成佛；佛界为大乘究竟之境界，乃因行成就，二利果德圆满之极位。这四界叫四圣界，在这四界里的众生已经超脱了轮回之苦。

六道又可分为三善道和三恶道。三善道为天、人、阿修罗；三恶道为畜生、饿鬼、地狱。也有把阿修罗归为恶道而有四恶道之说，因阿修罗虽为善道，德不及天，故曰非天；以其苦道，尚甚于人，故有时被列入三恶道中，合称为四恶道。六道轮回就是众生在这六道中周而复始的周流，求出无期，特别是因其业力堕入三恶道之中，痛苦非常却难以听闻佛法，求出无期，因此要在这六道中生在人道，即成为一个人的概率，在佛教看来是非常之小。只有持守五戒的众生，才能六根整然，成为人。而众生由于贪嗔痴以及大我慢而难以持守戒律，因此成为人就很困难。那么，什么是贪嗔痴呢？贪是对于喜好的偏执，难以自拔；嗔，是对于讨厌的偏执，嗔恨心；痴，愚昧，无智慧，不明白佛法，对根本的不明事理的实相而做出贪或者嗔的反应。

人的一辈子是多么的短暂，古人常概括“生年不满百”，“人生七十古来稀”，也就是说一般的人是活不到一百岁的，能活到七十岁的人都是很少的，因此古人非常珍惜时间“何不秉烛游”，当然这是一种及时寻乐的思想，并不利于生命的成就。即使今天我们的医疗水平有所改善，能活过七十岁的人不在少数，但是能够活到一百岁的人还是非常稀有难得，据统计，全世界一百多岁的老人也只有5000人左右，全世界60多亿人口，5000相对于60亿是何其渺小的数据呀。一年365天，我们以一般人的寿命到80岁来算，换算成天，也只有29200天，换算成小时，也只有700800个小时。因此我们的一生是何其的短暂，我们需要珍惜每一天，有句话说“是日已过，命已随减”，就是我们过了一天我的有生之日就减少了一天，著名存在主义哲学大师海德格尔说“人是一种向死亡的存在，我们每一天都在走向死亡”。也有一句常常挂在我们嘴边却又不受重视的话，即是富兰克林的所说的“浪费别人的时间就等于谋财害命”，因此珍惜我们的每一天就是珍惜我们的生命。

因此，当我们明白人身难得，在六道中、苦海中头出头没，终于有一天投胎出生为人，这是多么的不难易呀，多么的稀有难得呀。我们应该庆幸，自己脱离了三恶道，成为了三善道中的人，我们有机会使自己的生命上一级，超越这种痛苦的轮回。同时，我们应该深刻地体悟到我们的一生是多么的短暂，我们这一辈子结束，不知道下辈子投胎到哪道中去，因此虽然我们四体不健全，但是我们要下定决心，凭借这个难得人身，赶紧修行解脱，而不是消极悲观抱怨，因为抱怨与悲观都于改变我们的痛苦现状无补，与其怨天尤人，不如直面人生，努力精进，奋发有为。

二、直面人生，忍辱精进

我们经常听到一句话，说“我们虽然不能改变我们的起点，但是我们可以改变终点；虽然我们不能改变环境，但是我们可以改变对待环境的态度”。我们的出生，比如我们出生的家庭、我们的相貌美丑以及我们的身体健全与残疾，这在某种程度上是先于我们的，因此叫做前定。这些我们不能自己作出选择，我们不能选择自己的父母，我们也不能选择自己的出生环境，我们也不能选择自己的出生相貌，我们也不能选择出生身体残疾与否。这些我们无法做出选择的事情，我们只有一个办法，就是禅宗讲的“直接面对它”。鲁迅先生曾讲“我们要敢于直面惨淡的人生，敢于直面淋漓的鲜血”。没错，我们需要面对自己，面对自己的缺陷，老子讲“自知者明，自胜者强”。我们要敢于面对自己的缺点，敢于面对自己的人生起点，这是我们能够战胜自己的一个重要方面，我们只有承认了自己的既定事实，才能对症下药，我们只有承认了现实的自我，才能知道自己的努力方向。

但现实中，我们是不是都敢于面对自己的这些人生起点和缺点呢？我看，不见得。有多少人在抱怨自己为什么不是官二代富二代，希望自己有个父亲叫“李刚”；有多少人在抱怨自己的父母不给我们一个高帅的长相或者漂亮的脸蛋，因此希望通过整容来改变、欺骗自己；有多少人在抱怨没有出生在城市富裕家庭而享受荣华富贵，希望自己能傍到大款或者找到富婆……我们为什么不敢正视自己，努力改善自己而是想通过投机取巧或者自欺欺人的方式去满足我们的虚荣呢？因为我们没有直面人生的大无畏精神，我们没有忍辱精进的菩萨精神。

中国人常说一句话叫做“自作自受”，这是来自佛教的术语。佛教讲因果报应，丝毫不爽，我们今天的样子即我们今天的所有遭遇都是我们前世造成的。佛说“一切男女，贫贱富贵，受苦无穷，享福不尽，皆是前生因果之报”，就是说无论男女众生，今生受苦还是享福都是前生因果之报应造成的。《三世因果》中讲“欲知前世因，今生受者是；欲者后世果，今生作者是”。就是说我们今天所遭遇到的境遇是我们上辈子所造的业导致的，我们下辈子想躲避这种我们不希望得到的遭遇，我们就不要去种这样的种子因。中国有句古话说“天造孽犹可违，自造孽不可活”，就是说这种自作自受的因果规律是躲避不掉的。当我们明白因果律就如同“一加一等二”一样是宇宙间亘古不变的不变法则之后，就应该坦然地面对我们今天的遭遇。

此生所受罪孽佛教都认为是因果报应，例如为什么会成为残疾人，在《三世因果文》中给我们具体指出眼瞎、缺口、聋哑、驼背、拙手、跛脚、疯癫等因果。《三世因果文》说：

今生眼瞎为何因，前世指路不分明；

今生缺口为何因，前世吹灭佛前灯；

今生聋哑为何因，前世恶口骂双亲；

今生驼背为何因，前世耻笑拜佛人；

今生拙手为何因，前世造孽害旁人；

今生跛脚为何因，前世拦路打劫人；

今生疯癫为何因，前世酒肉逼僧人……

以上就给我们明确指出眼瞎、缺口、聋哑、驼背、拙手、跛脚、疯癫都是其前世种下的恶因的结果：眼瞎是由于前世给人指路不清楚今生遭的报应；缺口是吹灭佛前灯而造成等。当我们明了因果的时候就会“因上精进，果上随缘”。

所谓因上精进就是我们要“诸恶莫作，众善奉行”，时时提醒自己，来世果即“今生所作者”之因的果；因上精进就是勤于思维善法，“闻思修”，闻就是听闻善法接触善知识，思就是思维善法，修就是通过改变自己的习气来日趋于善和解脱，可以从五戒到十善精勤用功入手。佛教中的五戒是一不杀生，二不偷盗，三不邪淫，四不妄语，五不饮酒。道教也有五戒即：第一戒杀，第二戒盗，第三戒淫，第四戒妄语，第五戒酒。佛教中的五戒相当于儒家讲的仁义礼智信，不杀为仁，就是长养慈悲心，不盗为义，不邪淫为礼，不妄语为信，不饮酒为智。《十善业道经》中讲十善为一不杀生，二不偷盗，三不邪淫，四不妄言，五不绮语，六不两舌，七不恶口，八不悭贪，九不嗔恚，十不邪见。《十善业道经》被净空法师称为佛教的根，其中十善是我们着力用功、改变命运、修德入道的一个重要法门。

果上随缘是因果，因果业报是屡试不爽的，我们没有办法逃脱这种宇宙的规律，因此我们只能坦然地去面对这种果报。至于果报连佛都逃不掉，因此我们要在果上随缘。下面用两个故事告诉大家因果报应丝毫不爽，因此我们只有因上精进，果上随缘：

其一就是佛头疼三天的因果。在佛经所记载，无量劫前，释迦牟尼佛在凡夫因地时，曾经投胎转世在一个小村庄的人家，家门前有个很大的鱼池，全村人民眼看鱼儿长大，大伙连忙团结一条心，用渔网把鱼池的鱼虾一同捞上岸来，大家共同分发，其中有个小男孩不懂事，看到一只大鱼，怀着好奇又好玩的心情，用一支小木棍往大鱼的头部连敲三下，只看见大鱼在地面上痛苦地挣扎了一番。等到释迦牟尼成佛以后这个因缘让他头痛了三天。

其二就是因上精进果上随缘的故事。一座山寺中，老和尚跟小和尚说："十方，去把那些花种子种上。"小十方照做了。老和尚嘱咐他天天浇水，适当地施肥，好好地养护这些花，一天也不要偷懒。小十方听了，若有所思地点点头，继而又不被察觉地摇了几下。老和尚看在眼里，笑而不语。就这样，小十方天天照顾那些花，一天也没落下。眼看着，院子里的玉兰花开了，又败了；继而樱花也开了，等花瓣随风纷纷落下的时候，桃花已经灼灼其华。小十方的花，还是一个个没精打采的长着叶子，真道是有心栽花花不开呢。老和尚看到小十方愣愣地站在院子里，便说："一切随缘好了。"这次，小十方忍不住问："师傅，既然说要随缘，为什么还要我去每天努力照顾它们呢？让它们在土里自己生长好了。出了力，尽了心，花不开，难受呢！"老和尚笑了，他和小十方盘坐在院子里，缓缓地说："佛家讲究一切随缘，但是又要求我们精进。

在你看来是矛盾的，可是你想想，所谓精进，是说因；所谓随缘，是求果。”说罢，老和尚闭上了眼睛。

以上故事告诉我们，首先，今生的残疾之果，因前世的因而来，因此我们要坦然面对，就如同释迦牟尼坦然接受头疼三天一样，因为我们没有办法不接受。其次，我们今生可以努力去改变我们的命运，就是我们在种善的因，积极的因，好的因，美丽的因，让我们的后辈子或者来世有一个好的人生，但是因为无量以来的各种宿业，我们难免遇到今生行善不得善报而反得恶报的情况，但是我们要谨记住“因上精进，果上随缘”以及菩萨畏因而不畏果的大无畏精神。如此方能面对我们惨淡的人生，忍辱精进，创造精彩人生，成就尽可能达到的人生境界。

我们知道因果业报而坦然接受人生的各种遭遇，勇敢面对生活，创造精彩人生和提升灵魂。以此我们更往深一步讲，就是要洞彻生命实相，唯有洞彻生命的实相，我们才能真正看破放下对自己躯体的执着，由“果上随缘”这种忍辱和接受，到甚至不需要这种接受，而是从根本上洞彻生命的实相而真正升起大无畏心，在成就生命的道路上勇往直前。

三、洞彻实相，成就生命

佛教告诉我们其实无论身体残疾还是四体健全，这些都是无关紧要的，因为这些都是假象，我们的身体根本上只是一个“四大假合”。最早在中国翻译的《四十二章经》中讲“佛言当念身中四大，各自有名，都无我者”。就是说构成我们身体的“四大”都没有自性，都是假合而成，也不是我们真实的生命。那么什么是四大呢？四大就是地、水、火、风，即地大、水大、风大、火大。所谓“地大”就是我们的皮、肉、筋、骨等固体物；所谓“水大”就是我们的血液、唾沫、便溺等身上的湿润物；所谓“火大”就是我们的体温；所谓“风大”就是我们的呼吸和动作。我们的身体由这四种东西构成，四大有任何一样不调和，身体就会生病，病的终点就是死亡；死亡之后，四大又回归自然界：尸体水流出来归水，腐肉归土，热气退归火，呼吸停止归风，身体的四大到最后都归于宇宙的四大。

证严法师说“四大一散，还有一个‘我’吗？完全不可得！”但是作为生命之真我神识，并没有因此而消逝，神识随着其在前所造作的业而引起的业力的牵引而走向其当去之所，如造作了地狱业的神识到地狱去受苦，保持五戒的神识依然留在人世去投胎，成为新的生命诞生，因此净空法师说，我们一直以为是我的这个身体，其实它是假的，只是一个空壳，生命之流中，我们就像旅客，而我们的身体就是我们在途中所住的旅馆。我们对于假的空壳，有必要执着不放吗？我们作为匆匆而过的过客，对于我们暂时借住的旅馆，有必要斤斤计较吗？完全没有必要吧，我们要考虑的是我们的人生的下一个目的地该是什么，我们需要怎么样赶路，这些才是我们真正需要的。因此身为残疾之身也好，身为健全之躯也好，其实都不是我们自己的，都只是一个空壳、一个工具，而这个工具我们可以用来修炼我们的灵魂，让我们的灵魂更加洁净，让我们积累更多的善业，让生命之真我的下一个站更加美好，让我们的生命之真我在途中和下一站过上更加清净自在的生活。

道家认为通天地一气也，就是天地万物都是由气构成的，我们的身体是由气聚集而形成的形状，当我们死亡的时候其实也是气消散而回归于宇宙大化的过程。因此面对生死我们就应该通达，应无所畏惧而泰然处之。《庄子》里面记载了庄子丧妻却鼓盆而歌的例子。《庄子・至乐》篇中记载：

庄子妻死，惠子吊之，庄子则方箕踞鼓盆而歌。惠子曰："与人居，长子老身，死不哭亦足矣，又鼓盆而歌，不亦甚乎！"庄子曰："不然。是其始死也，我独何能无概然！察其始而本无生，非徒无生也而本无形，非徒无形也而本无气。杂乎芒芴之间，变而有气，气变而有形，形变而有生，今又变而之死，是相与为春秋冬夏四时行也。人且偃然寝于巨室，而我噭噭然随而哭之，自以为不通乎命，故止也。"

庄子丧妻，本来是生离死别，难免让人产生悲痛的心情，但是庄子通达生命的真相就是一气流行，是从无到有又从有到无这样一种循环反复的过程，因此他把妻的死看做是回归自然、回到她的来处，不应该悲伤反而要庆祝他回到自己的地方，这个可以看做是真正“视死如归”的大无畏精神。庄子连生死都看做同一回事了，只是宇宙气化流行的循环往复过程，无论残疾与否，我们都应顺应自己的运行，自得自乐在其中。

在庄子这里不但不惧怕人身体残疾，反而塑造了许多肢体残疾却道德充实于中而令人敬佩的人物。在《庄子·德充符》中讲到鲁国有个被砍掉一只脚的名叫王骀的人，跟他学习的人比跟孔子学习的人还多，因此引起常季的疑问而问孔子“他站着不能给人教诲，坐着不能议论大事；弟子们却空怀而来，学满而归。难道确有不用言表的教导，身残体秽内心世界也能达到成熟的境界吗？这又是什么样的人呢”。孔子回答：“他是圣人，我都还要跟在他后面效仿他。”另还有申徒嘉和无趾都是一只脚被砍掉的人，但是他们德行都非常高，像孔子、子产这样的圣贤都需要向他们学习。文中孔子道出了什么是全才的观念，说：“死生、存亡、穷达、贫富、贤与不肖、毁誉、饥渴、寒暑，是事之变、命之行也。日夜相代乎前，而知不能规乎其始者也。故不足以滑和，不可入于灵府。使之和豫，通而不失于兑。使日夜无隙，而与物为春，是接而生时于心者也。是之谓才全。”意思是说：死、生、存、亡、穷、达、贫、富、贤能与不肖、诋毁与称誉、饥、渴、寒、暑，这些都是事物的变化，都是自然规律的运行；日夜更替于我们的面前，而人的智慧却不能窥见它们的起始。因此它们都不足以搅乱本性的谐和，也不足以侵扰人们的心灵。要使心灵平和安适，通畅而不失怡悦，要使心境日夜不间断地跟随万物融会在春天般的生气里，这样便会接触外物而萌生顺应四时的感情。这就叫做才智完备。

我们反观自己其实只是德之不修学之不讲，没有认真把握大道而与之随，不在乎我们的身体是否残缺。因为残躯只是假象，我们不必当真，身体只是我们借以修道而成就生命的工具，作为工具我们物尽其用就可以了，并且“天生我材必有用”，就是说作为工具总有它的用处。因此我们只管利用好我们这假之躯体来求法修道而解脱，成就生命的真实意义。佛教讲生命的真实就是可以成佛，也就达到对宇宙人生真相的大彻大悟而了无牵挂，达到不生不灭不垢不净不增不减不一不二的如如真相和清净自在的永恒生命。

佛教认为众生平等，认为一切众生皆能成佛，人人都可成佛。在中国自竺道生针对顽石说法而点头之后，大倡“一阐提皆有佛性”，比如《大般涅槃经》说“一切众生悉有佛性，如来常住无有变易”、“一切众生悉有佛性”，佛与众生的差别仅仅在于觉与不觉，保证了所有人都有成佛的可能性。净空老法师经常讲一念觉即是佛菩萨，一念迷即是凡夫。佛教认为众生都有佛性，都能成佛，只要其自觉而信佛学佛、修行开悟，真正了悟实相，都能成就、成佛。无独有偶，中国由孔子开创的儒家，也认为人人都有成圣成贤的可能性，孟子说“人皆可以为尧舜”，因人人都有善根即四端之心（仁、义、礼、智），还有荀子认为“涂之人可以为禹”，因其有能知能行仁义法度之之心和之能。孔子说“我欲仁，斯仁至矣”，就是说一个人想成为有仁德的人是不依赖外在条件的，只要我们发心努力要成就自己的德行就一定能够实现。因此佛教和儒家都提倡众生皆能成就德行，皆能成圣成贤成佛，不管我们的外在身体怎么样，都不能成为我们不想提高德行和成就生命的努力的借口。

因果是宇宙中真实不虚的法则，我们无所逃遁于因果之链条。我们起心动念都有所造作而种下种子，这些种子收藏在我们的第八识即阿赖耶识（含藏识）中，但遇到一定的缘，种子就会现行，就是种子结出果实，这果实有恶有善，皆由我们所种的因而来。同时当我们肉生生命结束的时候，我们的神识不灭，神识里藏摄着我们前世今生造作的所有种子（即业），神识就受到这种业产生的业力牵引，被牵引到与之相应的地方，如地狱道、恶鬼道，当然也有在人道继续投胎做人或者超越人道到达天道或者更高的境界。然而这一切命运都掌握在我们自己手里，也就是我们是自己命运的真正主宰者，而这是由因果业报的“自作自受”的宇宙法则决定的。庄圆法师讲“世界是心的一面镜子，你的心是因，将吸引现象的果”。当我们真正明白了因果规律和“命由心造，福自己求”的时候，我们将成为自己生命的主宰，这就更加体现了平等的思想。就像有人说上帝创造了人人平等，佛创立众生平等，其实本来是平等并且究竟平等，他们都只是把道理揭示给我们众生而已。

佛教讲超拔一切众生之苦的慈悲精神。在佛菩萨的世界没有富贵穷达，没有智慧愚昧，没有健全残疾之分，都加以无限的悲悯，都希望救拔这些众生离苦得乐，超越轮回而得到真实永恒的生命。《地藏菩萨本愿经》中地藏王菩萨发大誓愿：“大士誓愿不可测，运悲周遍尘刹国。众生尽后誓方休，地狱空时愿始息。”其用心包太虚、量周沙界的心胸以及对众生的无限悲悯与同情，发出“地狱不空，誓不成佛”的誓言。在地藏王菩萨面前，他所要救度的是一切众生，在这里不分富贵穷达，残疾健全之分。同时慈悲也是佛教的根本，在慈悲中让我们放下执着偏见和自我，而发起“阿耨多罗三藐三菩提”心。《大智度论》说：“慈悲是佛道之根本。所以者何？菩萨见众生老、病、死苦、身苦、心苦、今世、后世苦等，诸苦所恼，生大慈悲，救如是苦，然后发阿耨多罗三藐三菩提。亦以大慈悲力故。于无量阿僧祇世生死中，心不厌没。以大慈悲力故久应得涅槃而不取证。以是故，一切诸佛法中慈悲为大。若无大慈大悲，便早入涅槃。”在救度众生的过程，其实也是自我功德圆满的过程，因此救别人其实是在帮助自己，人我一体，众生无别。众生平等，无论残疾还是健全，无论愚钝还是聪慧，我们都一样可以成就生命大意义。

普希金曾经有一首诗叫《假如生活欺骗了你》：

假如生活欺骗了你，

不要悲伤，不要心急！

忧郁的日子里需要镇静：

相信吧，快乐的日子将会来临。

心儿永远向往着未来；

现在却常是忧郁。
一切都是瞬息，
一切都将会过去，
而那过去了的，
就会成为亲切的怀恋。

同样，假如我们遭遇不幸，请不要悲伤、不要心急，我们的心应该永远向着未来。我们不要悲观失望、忧伤抑郁、消极自卑，而要知道在生命的长河中，这只是个短暂的磨难，我们要克服自卑懦弱的心理，相信希望和光明就在不远方。

第五讲

正己修身　见贤思齐——虚心克制性格的养成

佛教平等、克己、慈悲利他、自强精进、包容宽容的精神无一不建立在对宇宙人生的深刻洞彻的基础上，无一不体现着佛教倡导大无畏的精神。因通达宇宙人生真相，知道人我众生皆有如来智慧德相，因此我们不分种族、不分性别以及所处的社会地位的高低、财富的多寡，以及身体状况残缺与健全，在佛教中都是一视同仁，乃至把这种平等观念运用到昆虫蚂蚁等动物生物之上，因平等而对众生加以无限的悲悯，由悲悯而引出对生活在苦难中的众生的拯救情怀和行动，这就是救拔一切众生的慈悲利他精神；同时通达生命实相而追求生命的圆满，追求生命的清净自在，此过程中就需要战胜自我欲望和改变自己习性惰性的勇气，于此佛教也表现了大无畏的精神，主要表现为克己的勇气，自强精进的精神；因洞彻宇宙人生的缘起性空而对实现时间不执着、不贪恋、不偏执，又由于了知万法由心生而洞彻心包太虚、量周沙界，由此而有包容与宽容精神，这种天地与我为一，万物与我并生的心胸自然也包含这大无畏的精神。而这对于我们养成虚心、克制、博爱、包容、上进等性格是极有帮助的。

一、众生平等，不悲不喜

佛教中的平等观念可以概括为：人人平等、众生平等、生佛平等、众生与无情平等。佛教的这些观念对我们现实人生的德行修养以及养成宽广心胸慈悲精神，战胜狭隘的自我而做到大无畏精神，养成虚心的性格，都是极具启发性意义的。

人人平等是现代社会的一个价值追求，也是我们待人接物应该秉持的一个原则。我们要善待一切人，不论富裕还是贫穷，显贵还是低贱，坚持原则，“泛爱众而亲仁”，绝不做曲意逢迎、阿谀奉承的事情。但这一切又是多么的不容易，现代社会拍马屁吹捧上级、隐瞒欺压下级的，或者性别歧视、身高歧视、出生歧视等现象屡见不鲜。可见要做到人人平等、平等待人需要具备何等的大无畏精神和宽广的心胸。两千多年前佛教的创始人释迦牟尼佛关于人人平等的主张和践行是我们学习的重要资源和效仿的榜样。

佛教讲人人平等就是视人人都平等，不分宗族性别、出生等都是平等，都可以在学习佛教和修行中解脱。最有代表的就是释迦牟尼佛针对当时等级森严的社会制度提出来的，“四姓平等”。当时印度社会等级森严，极不平等的“种姓制度”盛行，在这种社会中，分别有四种姓，其中婆罗门、刹帝利为最高种姓，吠舍、首陀罗被认为是最低种姓，种姓歧视和压迫极端严重。释迦牟尼佛在这样一个等级森严的印度社会里，在洞彻宇宙人生真相之后，他以睿智而冲决罗网的大无畏精神大力倡导平等的观念，并且身体力行这种平等精神。早期佛教经典《别译杂阿含经》中说：“我法中有四种姓，于我法中作沙门，不录前名，更作余字，犹如彼海，四大江皆投于海而同一味，更无余名。”就是说这四种姓名的人，在佛法中都是平等的，都可以入道修行，如同四条大江汇入大海就不分你我彼此了，成为一个共同的海洋。在《长阿含经·小缘经》中说：“汝今当知，今我弟子，种姓不同，所出各异，于我法中出家修道，若有人问：汝谁种姓，当答彼言：我是沙门释种子也。”就是告诉弟子，如果有人问你是哪个种姓的，你就告诉他我是“沙门的种子”。佛陀用法门的种子让众弟子同归于一个姓，这就是如今佛弟子都姓释的来源。佛陀与生活在中国春秋战国时代的儒家创始人孔子一样，主张“有教无类”，不分贫富贵贱，不择智愚利钝，一律平等地施予教化。台湾星云大师介绍佛教的教育思想说：“佛陀不但为豪贵之人如频娑婆罗王说为政之道，亦为首陀罗优婆离说悟道的境界；不但为利根的舍利弗说缘起法，亦为钝根的周利盘特说净化心灵法门；不但令无贪的大迦叶出家，亦令大贪的末利夫人赞美，亦为淫荡的莲花色女鼓励。佛陀教育众生，不分贫富贵贱，不择智愚利钝，一律平等地施予教化。”印度古代社会极度歧视妇女，认为无论妇女的种姓如何，她们都永远不能获得解脱，除非她来世再生为男人，更为可怕的是，他们还认为，在此世的轮回中，妇女是无权获得解脱的，渴望解脱而不能解脱，但是佛陀接受女性弟子，甚至接受妓女的帮助并鼓励她。释迦牟尼佛真正践行了人人平等的主张，言传身教，身体力行，他永远是我们学习和践行人人平等观念的榜样和终身效法的对象。

近代以来的西方社会也倡导“上帝面前，人人平等”的天赋人权，但是佛教以其更广大的智慧和悲情，不但主张人人平等，还主张众生平等，这是人人平等思想的进一步深入和扩充。佛教讲的众生就是六道中的有情众生，包括人类、诸天、饿鬼、畜生、阿修罗和地狱这些三界六道的有情识之生物。佛教认为要把六道中的这些众生当做自己的父母，以此来敬畏他们、尊敬他们、爱护他们。佛教认为一切众生在六道轮回中都曾相互做过父母，都曾获得过其他众生的帮助。如佛经中讲“即无始来，一切众生，轮转五道，经百千劫，于多生中互为父母生物，也称作六道众生”。佛教的众生平等思想要求我们不但要尊敬和爱人类自己，同时要推而广之爱护动物、爱护生物乃至感恩尊敬鬼神。这要求我们对人类以及动物、生物充满爱和关怀的心，关心和帮助他人，同时不要杀害动物，主张素食修身。当我们善待每一个动物，善待每一只蚂蚁，善待每一个生灵的时候，我们的内心将充满爱和感恩，我们的世界将充满温馨与和谐。我们多吃一顿素食、少踩死一只蚂蚁、多扶起一个跌倒的老人，不要大声喧哗，因为我们会惊扰生灵的休息，这些都是在做善事，都是在尽孝心，因为佛说一切种人在无限流转中都交互做过我们的父母，善待一切众生就是善待我们的父母。

还有佛教主张生佛平等。就是众生和彻底觉悟了宇宙人生真相的佛是平等的，作为一代大教主，释迦牟尼佛在僧团中从来都不以领导者自居，他与其他人的关系从来不是主仆关系，而是师傅与弟子的关系，是儒家讲“先觉觉后觉”的关系。孟子讲“天之生斯民也，使用先知觉后知，先觉觉后觉”，就是上天让我们出生在世上，就是要让先明白道理和觉悟了的人去启发和教导那些还没有觉悟还没有明白道理的人。同样，佛教也是主张我们明白了道理了的人，明白宇宙人生真相的人，要去给众生传道解惑，让他们破迷开悟，但是从来不以一副居高临下、指手画脚教训众人或者弟子属下的面貌出现。而是春风化雨，润物细无声或者善巧方便随机说法，如理如法，契理契机，让弟子在轻松自在的氛围中破迷开悟、解脱烦恼。佛教这种主张教主与弟子平等的思想，可以作为今天我们的领导处理上级与下级之间、官员与百姓之间等关系的借鉴。作为上级或者领导不应该把下属或者员工看做是低我一等的仆人来看待，而是与我同样平等的一个活生生的有血有肉的人来看待，我能当领导是因为我比别人多来公司或者单位上班了一段时间，具备一些能力或者经验而成就今天的果位（即领导或者官员），同时如果离开了那么多支持我的下属和员工，那么我就是一个光杆司令，什么事情也做不成，因此我们作为一个领导或者官员要常常反思，我们身在高位，但是我们和下属，我们和百姓，是平等的，我们完全没有权利和道理来作威作福，压榨下属和欺压百姓。当今官员腐败，动辄贪污，我们这些官员没有真正把老百姓看在眼里、想在心里，我们这些官员不但不能完成儒家讲的“作之君，作之师，作之亲”的使命，就是领导下属、给下属进行教化，同时给下属以慈父般的关怀，而且出现欺压百姓，看不起百姓，在百姓身上作威作福等现象，对照两千多年前释迦牟尼佛的榜样，我们的这些官员真的值得认真反思和加强修身了。还有孟子说“说大人而藐之”，我们应该具备这种藐视权力、藐视地位而以道相交、以德相养的大无畏精神。释迦牟尼佛在佛教僧团中从来不贪恋权利，也不贪恋钱财，他制定的僧团管理制度中，把有权者和管钱者分开，提拔管理层都是以德行和能力来论，完全不凭借私人交情。这些在今天社会也可以做深刻的反省，横观我们的官场，权钱交易、搞裙带关系等现象屡见不鲜，试问我们的官员为什么做不到公平公正、真正落实胡主席讲的官员任用要“德才兼备，以德为先”的要求呢？因为我们的这些官员难以挣脱私人情感的羁绊和利益的诱惑，因为他们没有通达佛的智慧，没有具备与包拯一样的刚直不阿的勇气和气魄，以及范仲淹一样“先天下之忧而忧，后天下之乐而乐”和“清正廉洁，体恤百姓”的情怀，这就是佛教讲的大无畏精神和慈悲心。

最后介绍佛教平等思想中的众生与无情的平等思想。众生就是六道中流转的众生，即有情众生；而无情就是指无情感意识之物，比如山河大地、草木瓦石，通俗地讲就是生命体依存的环境，比如我们今天讲的自然环境。佛教不但视人类中人人平等，乃至众生平等，由此而推广到人类与自然界的一切都是平等。这就告诉我们要敬畏自然，要爱护生态，因为从佛教缘起理论看来一切事物都是相互依存的，都是由各种因缘和合而成的。因此我们在大自然面前依然是平等的，人去世了，我们身体上的各种元素也复归于自然。另外佛教还提出无情有性的观念，就是认为像草木瓦石这样没有情识的东西也一样具备佛性，也能成佛。因此我们要善待大自然，我们要敬畏天地，天地与我同体，万物与我为一。儒家也讲“仁者，以天地万物为一体”，就是一个活着而通达的人，其可以天地万物感通而有一体之感，因此我们不能破坏环境，不能污染环境。从身边的一点一滴做起，从不随便丢垃圾到节约用水以及不践踏草坪等做起，做一个敬天爱人的人。日本四大经营之圣之一，曾经成功开创两家世界500强企业并且拯救日航的稻盛和夫先生给别人题字就常写“敬天爱人”四个字。启发人们要敬畏自然，同时要泛爱人类。因此，我们要虚怀若谷，接纳一切，把自己放到很谦卑的位置，这样，我们才能承载一切，所谓厚德载物。

二、克己慎独，成就德业

克己是一个人成就德业的关键，老子讲“自知者明，自胜者强”，什么叫自胜者呢？就是一个能够战胜自己的欲望，使邪恶的欲望消灭而长养善心的人。而要战胜自己的欲望，是非常不容易的，《尚书》说“道心惟微，人心惟危”，所以我们需要制定出许多礼仪或者戒律来严格要求自己，克制自己的欲望，《尚书》还提到“克念作圣”，就是一个人如能能够克制自己的念头使之归于善，那么他就可以通于神明之德。克制自己也是古希腊的四大美德之一，即智慧、勇敢、节制和正义这四大美德之一。克制自己是我们成就人生、成就生命的重要法门，孔子说“克己复礼为仁”，“一日克己复礼，天下归仁焉”，就是说我们要克制自己使自己的言行使之符合于礼。这个礼就相当于佛教讲的许多戒律。当颜回问孔子“克己复礼”具体怎么做的时候，孔子回答说：“非礼勿视，非礼勿听，非礼勿言，非礼勿动。”孔子说视听言动，都要符合于礼，这就是以礼修身，而其中的关键就是如何做到非礼勿视听言动，这就是克己。孔子讲道君子有三戒，在《论语·季氏》中，孔子曰：“君子有三戒：少之时，血气未定，戒之在色；及其壮也，血气方刚，戒之在斗；及其老也，血气既衰，戒之在得。”在《论语·颜渊》里，孔子在回答樊迟问“辨惑”时，讲的不是分辨是非之道，而是自修自戒。他说：“一朝之忿。忘其身，以及其亲，非惑与？”是强调遇事戒冲动。儒家强调以礼修身，因此制定了许多礼仪规范，如《中庸》说“礼仪三百，威仪三千”，就是说“礼”的总纲有三百条之多，细目有三千多条，形容礼仪的项目很多，内容非常全面和细致。

佛教就更加细致而深入地阐明了克己而成就德行、成就生命的道理。佛教认为，人之所以陷入生死轮回的痛苦之中，与人总是被“烦恼”所缠有关。烦恼有许多种，但是其中最主要的三种叫做“三毒”。

三毒就是指贪欲、嗔恚、愚痴（又称贪嗔痴、淫怒痴、欲嗔无明）三种烦恼。一切烦恼本通称为毒，但这三种烦恼通摄三界，为毒害众生出世善心中之最甚者，能令有情长劫受苦而不得出离，因此特称为三毒。此三毒又为身、口、意等三恶行之根源，故亦称三不善根，为根本烦恼之首。《大智度论》中讲：“有利益我者生贪欲，违逆我者生而生嗔恚，此结使不从智生，从狂或生，故是名为痴。三毒为一切烦恼根本。”三毒的产生都与对“我”的执着有关，而在佛教看来，人生中是没有“我”的，但由于人们无知或者无明而认为“有我”，因此对世俗世界中有益于“我”的事情就贪恋并追求，对于世俗世界中对“我”不利或者不合我心的就加以憎恨，因此就出现了贪和嗔，而其根本原因就是无明或者无知，也就是“痴”。

贪嗔痴三毒是一切烦恼的根本，消除这三种毒也就是消除烦恼，而消除的过程就免不了需要“克己”。佛教要求信徒克制自己对外物的贪欲，克服自己对财富、地位、权力、名声等的贪欲。佛教讲的四圣谛（苦、集、灭、道）中的“集谛”就是指认识到造成痛苦的原因是爱欲或者贪欲，而“灭谛”就是指认识到应当消除这爱欲或贪。三毒中的“嗔”与“贪”紧密相关，当自己的贪欲得不到满足时，自然就生起忿恨之心，对阻碍实现自己欲望的人或事不满或者憎恨。在佛教看来，必须消除这种嗔，否则不能超脱轮回。还有就是痴，佛教认为痴是三毒中的根本，痴就是愚痴，是导致生命轮回的根本，如佛教“十二因缘”中最初的环节就是“无明”，“无明”灭其他十一个环节。《佛说长寿灭罪护诸童子陀罗尼经》说：“我当依过去诸佛所说十二因缘法。无明缘行，行缘识，识缘名色，名色缘六入，六入缘触，触缘受，受缘爱，爱缘取，取缘有，有缘生，生缘老死忧悲苦恼。无明灭即行灭，行灭即识灭，识灭其名色灭，名色灭即六入灭，六入灭即触灭，触灭即受灭，受灭即爱灭，爱灭即取灭，取灭即有灭，有灭即生灭，生灭即老死忧悲苦恼灭。颠倒当知，一切众生，不能见于十二因缘，是故轮转生死苦趣；若有人见十二因缘者，即是见法，见法者即是见佛，见佛者即是见佛性。”因此消除“痴”对于“克己”具有重要或根本的意义。

那么我们如何具体来消除这三毒呢？佛教主要讲了三种方法：戒、定、慧三学。戒就是佛教的戒律，是信徒要遵守的规则，用戒律来克制自己贪欲，戒除不良行为。佛教有五戒、八戒、十戒、具足戒等，《四分律》中规定了比丘戒二百五十条，比丘尼戒三百四十八条。星云大师说：“佛教的戒律讲究修身做人，所谓‘仰止唯佛陀，完成在人格’，把人做好，修身完成，才能进一步开发内心的光明智能，悟证最高的真理。”佛教的戒律应用在我们世俗生活中就是至少受五戒，星云大师说“五戒是做人的根本道德，是伦理的根本德目，受戒在于不侵犯而尊重有情众生。所以受持五戒就是守法的表现”，再由五戒推广到十善戒，以止恶行善的戒行来达到清净。其次是“定”，定可以说是一种克己的方法，主要是抑制自己的心的作用，使身心安定，止息种种意念或思虑，将精神集中于事物的实相上。还有“慧”，实际上也包含着克己的内容，即克制自己的错误的或者无知的观念，学习并达到佛教的特殊智慧，破迷开悟。例如《佛说长寿灭罪护诸童子陀罗尼经》中说：“我当为汝说一实道。汝当思维，守护一念。一念者，谓菩提心，菩提心者，名曰大乘，诸佛菩萨为众生故。分别说三，汝当念念常勤守护是菩提心，勿令忘失。纵有五阴四蛇，三毒六贼，一切诸魔，来所侵扰，终不能变是菩提心。因获如是菩提心故，身如金刚，心如虚空。”佛陀告诉我们要守护一念菩提心，菩提心就是就是成佛的心，就是破除无明的心，当我们追求觉悟和真理时，我们就不会被无明所扰而行贪嗔。这就告诉我们一定要追求真理，追求觉悟人生，奉献人生，当我们的生命真正觉悟了，我们就不再执着于那狭隘的虚假的自我，而是心如虚空，而身如金刚。儒家讲“无欲则刚”，我们因了悟了宇宙人生真相，走出无知的阴暗的黑夜，我们发现天地如此之广大，生命可以如此之光明，面对欲望我们知道需要克制，需要节制，乃至于“无欲则刚”，在物欲横流的滚滚红尘之中，我们要更加坚定追求智慧的决心和坚守高尚德行的戒律，如此方能做到在滚滚物欲横流中不被打败、不倒下，因为我们具有“金刚不坏身”了。

三、慈悲利他，修身齐家

一提到佛教徒很多人都会认为他们乐善好施，而其根源就是来源于佛教的慈悲利他精神。儒家讲修己以敬，修己以安人，修己以安百姓，又讲“如有博施于民，而能济众，可谓仁之方也矣”，就是说儒家倡导修身安人安百姓，也讲通过博施济众来修行仁德，这跟佛教讲的慈悲精神大有相通之处，不过，儒家这种爱人施舍是有差别的爱，从与自己最亲近的人开始，一直往外推，从孝敬父母、关心亲人再旁及邻里乡党，再到国家再到天下其他人，费孝通先生曾经把中国人这种组织格局称为“差序格局”，在差序格局中的人，每个人都以自己为中心，向外扩散，就像水的波纹一样围绕着同心圆一直往外托散开。这是《大学》的德行次第：“古之欲明明德于天下者先治其国。欲治其国者先齐其家。欲齐其家者先修其身。欲修其身者先正其心。欲正其心者先诚其意。欲诚其意者先致其知。致知在格物。”就是格物致知诚意正心，然后修身齐家治国平天下这样一个次第，因此在修德的过程中分本末轻重，修身为本，齐家为末，齐家为本，治国平天下为末等。但是佛教讲的慈悲利他是一种没有差别的爱、平等的爱，叫做“无缘大慈，同体大悲”。这种没有差别的爱与中国墨家讲的“交相爱，兼相利”也不一样，佛教是主张一种无条件的毫无功利心的不计回报的爱，广泛的爱，广泛地为救拔众生而努力。

那么什么是慈悲呢？“慈”就是指使众生快乐，给他们幸福；

“悲”指去除众生的苦恼，使之摆脱痛苦。《大智度论》中讲：“大慈与一切众生乐，大悲拔一切众生苦。”佛教的慈悲指不仅对自己之外的他人慈悲，而且要对一切有生命之物慈悲，佛教不杀生等戒律就体现了这方面的含义。佛教的“四无量心”就是指慈、悲、喜、舍这四种无量心。“喜”就是看见他人快乐而随之欢喜；“舍”就是指内心保持不偏执的平衡，平等无差别地利益众生。四无量心中的喜、舍都包含着佛教利他的思想。

佛教讲“无缘大慈，同体大悲”，净空老法经常强调这八个字，无缘大慈就是无条件地给予众生快乐，同体大悲就是把众生的痛苦当做自己身上的痛苦，要急切地把他拔除。《孟子》里有个“圣之任之者也”的伊尹：“伊尹曰：‘何事非君？何使非民？’治亦进，乱亦进。曰：‘天之生斯民也，使先知觉后知，使先觉觉后觉。予天民之先觉者也；予将以此道觉此民也。’思天下之民匹夫匹妇有不与被尧舜之泽者，若己推而内之沟中，其自任以天下之重也。”伊尹这种救生灵于涂炭之中的迫切心理，类似于佛教急切地要救拔处于痛苦之中的众生的大悲心理。同体大悲，又称作同体慈悲，就是观一切众生与己身同体，而生起拔苦与乐、绝对平等之悲心，也就是初地以上之菩萨，摄众生于自体，以众生之苦为己苦，生起哀伤之心。北本《大般涅槃经》卷十六（大一二·四五八下）中说：“譬如父母见子遇患，心生苦恼，愍之愁毒，初无舍离；菩萨摩诃萨住是地中亦复如是，见诸众生为烦恼病之所缠切，心生愁恼，忧念如子，身诸毛孔，血皆流出，是故此地名为一子。”文中用了一个非常形象的比喻来说明这种同体慈悲，就像父母见到自己儿女遭受患难，而心生苦恼，想一心解救他一样，菩萨见众生被烦恼缠绕不得解脱，也心生苦恼，犹如担心自己子女遭受患难，全身毛孔都出血一样要迫切地救度他。这也类似于儒家讲仁者与万物同体，因与万物同体，所以把众生的苦难当做自己的苦难。

佛教如此“无缘大慈，同体大悲”，那么他是通过什么方式来救度众生呢？大乘佛教讲“六度”，即布施、持戒、忍辱、精进、禅定、智慧，其中布施就是菩萨救度众生的主要手段，布施主要分为财布施、法布施、身布施和无畏布施。

财布施就是给别人捐献财物，让别人摆脱物质贫乏的苦难，比如给乞丐几文钱，给贫困地区的人们捐款，或者给贫困学生助学金等，这些都是属于财布施。比如，中国扶贫基金会提倡每人每月最低10元的月捐计划，这就是倡导民众要有慈善喜舍精神，这是养成财布施习惯的一个方式，我们每个人每天省吃俭用三角钱左右，一个月就差不多能凑到10元钱，这就可以做月捐，可以用滴水凑成河的方式去帮助挣扎在贫困线以下的人们摆脱物质贫乏对其身心的摧残，同时我们自己也养成一种慈悲喜舍的精神，从而觉悟人生、奉献人生。

其次是法布施。佛教认为法布施的功德要比财布施要大得多，这个我们也可以用“授人以鱼，不如授人以渔”来类比，就是我们通过财物等帮助人们暂时解脱烦恼，但这不是根本，我们需要告诉他们如何解脱烦恼，那就需要法布施来启迪他们的智慧，让他们破迷开悟，知道如何去解救自己，如何去成就自己的生命。《金刚经》中说："须菩提，如恒河中所所沙数，如是沙等恒河，於意云何，是诸恒河沙，宁为多不？须菩提言，甚多，世尊。但诸恒河，尚多无数，何况其沙。须菩提，我今实言告汝，若有善男子善女人，以七宝满尔所恒河沙数三千大千世界，以用布施，得福多不？须菩提言，甚多，世尊。佛告须菩提，若善男子善女人于此经中，乃至受持四句偈等，为他人说，而此福德胜前福德。"佛告诉须菩提，就算用恒河的沙子那么多的金银琉璃玛瑙等七宝来做财布施，其功德也赶不上持诵佛经为众生讲说传道的功德大。这就启发我们要先知觉后觉，先觉觉后觉，我们明白了道理，具备了知识就要学会像释迦牟尼佛和孔子一样，传道授业解惑，要诲人不倦。这对于我们知识分子，就意义相当重大了，我们享受这么好的资源，有机会学习这么多知识和高深的学问，我们就要不吝啬自己的知识和智慧，广为那些需要启迪和启发的心灵解说讲演，让他们干枯的心灵得到知识和智慧的滋润，让他们对人生有觉悟，让他们的生命能够有向上一级成长的机会。其实这是我们每个人都可以做的，对于普通人来说，我们虽然不一定是知识分子，但是假如我们早一步接触到佛法，比别人多积累了一些经验，对宇宙人生的体悟比别人稍微深刻一些，我们都可以与别人分享，特别是给那些处于大我慢的无知无明中的人给予启迪和教化。就是先进的要毫不吝啬地帮助后进的人们，我们在生活中，在工作中，在行住坐卧的各个地方，我们都可以时时处处给那些还不如我们的人给予帮助和启迪。

身布施可以有几种理解，一种就是我们自己要身体力行地去实践佛法，引导大众，这就是言传身教，其中包括我们每天面带微笑来对待他人，口说宽慰的话来安慰别人等；另外一种就是在极端的情况下，我们不惜牺牲自己的肉身来帮助别人，比如看到众生落水了，我们舍身忘我地去救他上岸等。释迦牟尼佛“割肉喂鹰”的故事非常值得一提。

故事中记载释迦牟尼佛在无量劫以前为国王萨波达，其博施救众，悲悯众生，深得民心，所以帝释想去试探他的德行是否真实，于是派边王化作鸽子，自己化作老鹰前去试探萨波达。老鹰追赶鸽子要吃掉他，鸽子就飞到萨波达王身边求救，栖息在他身上，老鹰说：“要把鸽子还给我这是我的肉，我饿得不行，快死了。”萨波达说：“鸽子来寻找保护，我不能让他受到伤害。”于是他就拔起剑割自己腿上的肉喂老鹰，但是怎么割都没有鸽子身重，于是继续割身上其他地方的肉，直到自己昏迷倒地，这时帝释感其悲悯之心之真诚而现出原型请天医复其萨波达原型而活之。这里讲述了释迦牟尼佛前生以大无畏精神进行身布施的生动案例。这个也与儒家讲的“舍身取义”等大无畏精神相通，告诉我们在真理和正义以及在帮助众生的过程中，我们要有舍身忘我的献身精神，这就是身布施。

无畏布施，就是指在众生身心不安、恐惧、害怕的时候，能够帮助他，消除他的恐惧，这一类的布施叫做无畏布施。孔子讲自己的理想是“老者安之，少者怀之，朋友信之”，就是说自己以大地一样的承载精神，让身边所有的人，都能在我这里找到安慰，找到依靠和找到安全感。无畏布施精神启发我们要在别人身处危险境地而担惊受怕惶恐的时候，我们需要以宽容的心胸，宽慰的心，去安慰他们，开导他们，让他们走出这种恐慌与害怕，或者在各种谣言惑众而引起大众恐慌的时候，我们要以智慧来辟谣告诉他们真相，鼓舞他们的斗志，让他们摆脱恐慌和惊恐，安定生活，幸福和乐。比如关于“2012世界末日”的传言，引起很多民众的恐慌，这就需要我们以无畏布施的精神，用智慧给他们指明方向，破除对谣言的迷信和恐慌，让他们知道“命由心造，福自己求”，对生活充满信心，对未来充满希望。

一般大众会认为出家人是消极避世，是不敢面对现实世界而躲到山林里去了，或者信佛居士是遇到困难不能解决才寻找佛门，认为佛教是消极的不追求上进等，其实如果真正了解佛教的精神，那么我们会感觉佛教充满一种自强精进的奋发精神，一样具有《周易》讲的“天行健，君子以自强不息”的精神。佛教坦然接受现实，积极努力改过迁善，努力追求生命的圆满。佛教讲的“六度”中，其中一个就是“精进”。“精进”的意思就是勤勉修行，不懈怠的意思，还讲勇猛精进。《无量寿经》卷上讲：“勇猛精进，志愿无倦。”这也是孔子教导他的学生的，人只要活着就要奋发努力，精进不已，不能懈怠。有一次，子贡对学习厌倦了，告诉孔子说：“我希望休息一下。”孔子说：“人生没有什么休息的。”子贡说：“那么我就没有休息的地方了吗？”孔子说：“有的呀！你看那个墓穴：那高高耸立的像高地似的，像小山尖似的，像土堆似的，像扣着的锅似的，就知道休息的地方了。”原文出自《列子》亦见于《孔子家语》：

子贡倦于学，告仲尼曰：“愿有所息。”仲尼曰：“生无所息。”子贡曰：“然则赐息无所乎？”仲尼曰：“有焉耳！望其圹，皋如也，坟如也，鬲如也，则知所息也。”

无论是儒家还是佛教都告诉我们要努力学习，要毫不放逸自己，严格要求自己，这就是精进的意思。精进中其实也包含了自强的精神，有句话说“男儿当自强”，其实无论男女都要自强自立，因为命运掌握在我们自己的手中。佛教用因果业报的思想，提出所有一切都是我们自作自受的，因此我们需要自强和精进。

在所有的宗教中，佛教几乎是包容性最强的一个宗教，因为佛教提倡所有的事物都是互相依赖、因缘和合而成的缘起理论，因缘起而性空，其实都没有一个独立的自我。在中国儒释道三家融洽并存的这种局面在世界宗教始上是比较少见，同时中国人既拜佛又拜道还祭祖这种宗教宽容的现象也是非常稀有难得的。西方的基督教主张独一真神，信者得救，不信者就是外教徒，排斥其他宗教，历史上引起不少宗教冲突。而中国历史上出现过的几次灭佛事件其实都不是宗教冲突引起的，而是政治干预造成的。佛教教导我们不但要救度跟佛有缘的佛教徒，同时也要救度那些跟佛没有关系的，这个在“无缘大慈”中体现出来。佛教不但让我们尊重和关爱人类，同时要尊重和关爱六道众生，乃至虚空法界所有生物和无生物，这是何等心胸，何等的博大情怀。《华严经》中讲“佛土生五色茎，一花一世界，一叶一如来”，净空法师常讲现实世界中引起种种冲突的原因就是因为我们的心胸不够开阔，心量不够广大，他说其实我们的心可以“心包太虚，量周沙界”。净空老师法苦口婆心地给我们众生开示说，现在人们心量太狭隘了，狭隘到什么程度了，两个人都不能包容了，所以夫妻离婚了。我们应当谨记佛教的“心包太虚，量周沙界”的智慧，看破放下自己的执着，让我们变得心虚起来。庄子讲破除我们的成见，让我们心虚起来，虚而后能大，大而后能化，化而能飞，就是能够达于逍遥自在，我们破除名誉、地位、金钱等执着，以及放下个人的各种偏执的观念和成见，那么我们就能够心虚起来，心虚起来就能够扩大我们的心量，当我们由此而认识到尽虚空遍法界无非是我心的变现，这个时候我们还会斤斤计较吗？我们将以这宽广的胸怀和巨大的包容心去化解各种冲突、计较与矛盾。

当今世界是一个多元的世界，就是各种文化、观念以及各种组织团体在国际化、世界化，我们需要包容、宽容的精神来面对这一切，接纳这一切，让多元能够和谐相安，各得其所。著名社会学家、人类学家费孝通先生曾经提出“各美其美，美人之美，美美与共，天下大同”，这就是一种包容精神，是一种广大心胸的体现，也是我们为人处世应该持有的一个基本心态。佛教说包容一切，而我们要真正做到包容一切，哪怕是包容大部分于己不合的观念和行为，都需要我们有一种宽广的心胸和战胜自我偏执和烦恼习气的大无畏精神。

第六讲

父母恩重　百善孝为先——孝敬恭顺性格的养成

常言道“听话的孩子有福”，这就是告诉我们要听父母长辈的教诲，要做一个听话孝顺的人，这样的人很有福报。号称半部就能治天下的《论语》说“孝悌也者，其为仁之本矣”，台湾知名音乐家李子恒创作的佛教音乐《跪羊图》前两句就唱到“古圣先贤孝为宗，万善之门孝为基”，佛门也讲“不孝父母，拜佛无益”，中国古话说“百善孝为先，万淫为首”。可见孝是我们修养一切德行的根基，以及一个人成就道德功业的基础，所谓“自古忠臣出孝子”。既然孝如此之重要，以至于有人说孝是我们的根，根深才能叶茂，但是要真正理解“孝”的含义以及真正落实孝行确实非常不容易，我们姑且叫做孝的艰难。要真正落实孝需要我们具备大无畏的精神，真正与父母祖先血脉融通，同时把对父母的孝，“老吾老以及人之老”的方式推广到邻里乡党，乃至国家、天下，乃至尽虚空，遍法界一切众生，这就是大孝。《孝经》讲：“孝悌之至，通于神明，光与四海，无所不至。”真正做到孝了，我们是可以感天动地的，可以获得具体的力量帮助我们成就事业，成就人生。

但是，今天在市场经济洪流中，很多人迷失了自我，迷失了方向，颠倒本末是非，于是孝的落实变得更加困难重重：试看“多少浮云游子梦，奔波前程远乡里，父母倚窗扉，苦盼子女的消息”悲凉场景；试看滨州惠民“不孝男”挥刀砍爹娘惊心动魄的情景；试看17岁的安徽小伙子为买苹果手机卖肾令父母泪下的残忍与无知；试看暴打父母的名牌大学毕业生的恶行；试看那些因为找不到好工作而抱怨父母没有关系背景的无知大学生……

但是人间自有正道在，人间自有大爱在，人间自有大无畏精神在。感动中国系列人物给我们演绎了一幕又一幕尊亲敬孝的感人故事。看那带着“养母上大学”孟佩杰；看那捐肾救母的田世国；看为了完成父亲的遗愿拉车带母亲游览1000多个城市的王凯王锐兄弟……

一、父母恩重难报誓要报

《孝经》讲“身体发肤受诸父母”，我们是父母的血与肉化成的，是父母身上掉下来的骨肉，父母让我们从无到有，把我们带到世间，并且从小把我们抚养长大成人。其间包含了父母的多少辛酸和汗水，因此父母恩德重如山。在佛经《佛说父母恩重难报经》中归纳总结了父母对我们的十大恩德：“第一怀胎守护恩；第二临产受苦恩；第三生子忘忧恩；第四咽苦吐甘恩；第五回干就湿恩；第六哺乳养育恩；第七洗濯不净恩；第八远行忆念恩；第九深加体恤恩；第十究竟怜愍恩。”在该书中还对这十大恩德分别详细讲述，展现父母的艰辛与恩德的厚重，以下我们对十大恩一一作讲解。

第一，怀胎守护恩。怀胎守护多不容易，母亲小心翼翼唯恐伤到胎儿，自己饱受艰辛。佛说因为累劫的因缘我们投胎到母亲身中，随着胎儿的长大让母亲身体笨重如山岳，行住坐卧多不便，担心风邪伤害到胎儿，肚子增大穿衣多不便，顶着大肚子多拙碍。经文说：“累劫因缘重，今来托母胎，月逾生五脏，七七六精开。体重如山岳，动止劫风灾，罗衣都不挂，装镜惹尘埃。”

第二，临产受苦恩。怀胎十月，饱受护胎艰辛，一朝分娩要是遇到孝顺之子，母亲生产顺利没有痛苦，遇到难产的五逆之子，胎儿“破损母胎，撤母心肝，踏母胯骨”，让母亲犹如千刀搅，万剑攒心。佛在颂言中说：“怀经十个月，难产将欲临，朝朝如重病，日日似昏沉。难将惶怖述，愁泪满胸襟，含悲告亲族，惟惧死来侵。”

第三，生子忘忧恩。母亲生孩子的那天五脏都是开张的，身心都闷绝，血流如宰羊，虽然承受了如此深重的痛苦，但是看到生出来的孩子是健全的，就心生欢喜，不过欢喜中也难免痛彻心肠。佛说："慈母生儿日，五脏总张开，身心俱闷绝，血流似屠羊。生已闻儿健，欢喜倍加常，喜定悲还至，痛苦彻心肠。"

第四，咽苦吐甘恩。母亲虽然承受如此大的痛苦，但是她咽下苦味吐出甘甜给予爱儿，父母照顾婴儿从不忘记体贴入微，尽管自己挨饿也不忘记用自己的乳汁来哺乳喂养婴儿，多少痛苦烦心事自己咽下，担心子女知道从来不表形于色。经文说："父母恩深重，顾怜没失时，吐甘无稍息，咽苦不颦眉。爱重情难忍，恩深复倍悲，但令孩儿饱，慈母不辞饥。"

第五，回干就湿恩。就是讲母亲自己宁愿身处湿漉的地方也要把孩子放到干燥的地方免受潮湿得病，比如过去没有尿不湿，孩子晚上睡觉尿湿了床单被子，贫穷的母亲没有办法换新的床单被子，只能把孩子移到干燥的地方，自己睡在尿湿的地方。母亲一心只为孩子吃饱乳汁，一心想让孩子安稳地休息，而自己也许整夜都没有睡得安稳过。经文说："母愿身投湿，将儿移就干，两乳充饥渴，罗袖掩风寒。恩连恒废枕，宠弄才能欢，但令孩儿稳，慈母不求安。"

第六，哺乳养育恩。孩子生出来之后，从婴儿到儿童，到少年，到青年，都需要父母抚养。无论孩子是健康的还是残疾的，长得漂亮还是丑，父母都会疼爱他并予以照顾抚养，整天提心吊胆地牵挂着自己的孩子。佛称赞父母的这种功德像大地一样厚实而稳重，像天空一样开阔和博大。经文说：“慈母像大地，严父配于天，覆载恩同等，父娘恩亦然。不憎无怒目，不嫌手足挛，诞腹亲生子，终日惜兼怜。”

第七，洗涤不净恩。父母还亲自为孩子洗涤脏物，让他们干干净净的，本来年轻美貌的母亲由于帮助孩子洗涤不净而面容憔悴，玉颜消逝。经文说：“本是芙蓉质，精神健且丰，眉分新柳碧，脸色夺莲红。恩深摧玉貌，洗濯损盘龙，只为怜男女，慈母改颜容。”

第八，远行忆念恩。当孩子长大之后，离开父母远在他乡上学或者谋生，儿行千里母担忧。《论语》中讲：“父母在不远游，游必有方。”就是怕父母在家担心儿女远行，担心他们的身体健康，担心他们的学习和事业，担心他们远在他乡没有人照顾等。《佛说父母恩重难报经》中说：“死别诚难忍，生离实亦伤，子出关山外，母忆在他乡。日夜心相随，流泪数千行，如猿泣爱子，寸寸断肝肠。”

第九，深加体恤恩。父母看到儿女的辛苦，他们都希望自己去承担，但愿为子女做好一切。但是心有余而力不足，父母一天天衰老体弱，在家担心身在远方的子女是否睡得好，吃得香，子女的生活艰辛让父母心酸不已。佛说：“父母恩情重，恩深报实难，子苦愿代受，儿劳母不安。闻道远行去，怜儿夜卧寒，男女暂辛苦，长使母心酸。”

第十，究竟怜悯恩。父母对子女的牵挂和疼爱一辈子也没有终结的时候，行住坐卧心都在牵挂着自己的子女，即是白发苍苍的一百岁老母亲，还要为自己80岁的孩子担忧。佛告诉我们：“父母恩深重，恩怜无歇时，起坐心相逐，近遥意与随。母年一百岁，长忧八十儿，欲知恩爱断，命尽始分离。”

从十月怀胎的护胎，到婴儿，到儿童，到青少年，乃至我们成家立业等，每一步，每一个环节，无不有父母心血的投注和关怀。可以说父母对我们的爱是绝对的、真诚的、是原始的、直接的流露，父母把我们当自己的骨肉来疼来爱，把我们当掌上明珠来呵护，他们体贴入微，关心着我们的每一步生命成长过程，乃至父母年迈不能动弹了，躺在床上，都牵挂着自己远在他乡工作的儿女。为了子女，他们不惜牺牲自己健康，为了子女他们宁愿放弃自己幸福的生活，为了子女他们可以全力以赴。父母多少个不眠的夜晚，陪护在我们的病床边上；多少难眠春秋，守候着我们他乡的消息。父母啊，父母啊，我们该怎么来报答你们呢？

《跪羊图》唱到“父母恩德重如山，知恩报恩不忘本”。但父母之恩德实在比喜马拉雅山还高，比太平洋还深，我等儿女实在难以报答。《在佛说父母恩重难报经》中佛讲了八种令我们常人难以想象的惊天动地的报恩方式都难以报答父母的这种恩情。佛说：

假使有一个人，左边的肩膀上挑担着父亲，右边的肩膀上又挑担着母亲，两肩重担研破皮肉以至见骨，甚至磨穿肩骨见到骨髓，绕着须弥山行走，这样经过几百几千个长劫时间，即使血流满地，淹没了脚跟足踝，还是不能报答父母深重的恩德；

假使有一个人，遭遇到荒年受着饥馑挨饿的灾劫，唯恐爹娘父母饿死，将自己全身切割成细碎的肉酱，就像微细尘埃那么细碎来让父母充饥，像这样经过几百几千个长劫时间，还是不能报答父母深重的恩德；

假使有一个人，想要布施供佛为父母爹娘求福添寿，手里执拿锐利的刀剑，剜挖自己的眼睛，奉献给如来，生生世世都这样做，经过了几百几千个长劫时间，还是不能报答父母深重的恩德；

假使有一个人，为了自己的父母爹娘，也用锐利的刀刃，割下他自己的心脏肝脏，鲜血流出遍满地上，都不会畏怯推辞痛苦，生生世世都这样做，经过了几百几千个长劫时间，还是不能报答父母深重的恩德；

假使有一个人，为了自己的父母爹娘，受到百千把刀剑或枪戟，同一时刻刺进身体，并在自己的身体里，从左右两边出入刺杀，这样经过几百几千个长劫时间，还是不能报答父母深重的恩德；

假使有一个人，为了自己的父母爹娘，打断筋骨流出骨髓，生生世世都这样做，经过几百几千个长劫时间，还是不能报答父母深重的恩德；

假使有一个人，为了自己的父母爹娘，吞下烧热的铁丸，经过了几百几千个长劫时间，全身都烧焦腐烂，还是不能报答父母深重的恩德。

可见父母恩德实在比山还高，比海还深，即使我们完全忘我献身，为父母而剖尽肝脑，粉身碎骨都难以报答父母的这种深恩厚爱。但是我们是不是没有办法报答父母了呢？佛告诉阿难，不孝顺父母的人身坏命终的时候，将堕入阿鼻地狱。在此地狱中四面铁城，周围罗网，地面也是铁做的，大火熊熊燃烧，雷鸣电闪，阎罗王用烧红的铜铁去烧灼这些罪恶之人，还有铜狗铁蛇，常常吐露着烟火，令人十分恐怖，痛苦万分，还有铁轮碾身，令人肠肚分裂骨肉焦烂，一天之中昏死过去千万次，并且求出无期。不孝顺父母的子女是多么的悲惨啊！

那么如何报答父母之恩呢？在《佛母恩重难佛难报经》中释迦牟尼佛告诉我们欲报答父母之恩，就是要发愿并书写转印佛经，为父母读诵佛经，为父母忏悔罪过，为父母供养佛法僧三宝，为父母持斋受戒，为父母布施修福。《地藏菩萨本愿经》中记载婆罗门女为救信邪不信因果造作恶业堕入地狱的母亲，卖掉豪宅，广求香火，广建佛塔，大兴供养，至诚念佛感动诸佛，从阎罗王那里解救了母亲；婆罗门女母亲被救出来之后又一次堕落，他又继续供养三宝和自己念力解救，最后，她母亲升到兜率天宫，寿命相当长了，他又忆念其一样受苦的母亲，发出“地狱不空，誓不成佛”的无边誓愿，以大无畏的精神，为广大众生救拔地狱之苦；《佛说盂兰盆经》中讲：“尊者目键连苦修证得六神通，打算报答父母的养育之恩，便以道眼观看世间；可是却发现他母亲堕落在饿鬼道中受苦，没有饮食且瘦得皮与骨相连。尊者目键连看见此情形，感到非常悲哀，便以自己乞食的钵装满饭菜；以神通力送去其母亲处。尊者目键连的母亲一看到饭，便以手拿饭来吃，可是饭还没到口中就变为火碳，终究还是吃不到。看见这情形，尊者目键连感到非常伤心而流泪痛哭。于是去告诉佛，佛说：你应该在七月十五十方僧众解居自恣的时候，为过去的七世父母并处于困难的现世父母，预备各种美食、水果、用具、香油、灯烛及卧具等，并将食物放在盆中，以供养十方大德僧众。在这一天，一切圣众，不管是在山林间修学禅定，或已得四果阿罗汉者，或在树下经行者，或具足六神通者，或能自在教化他人者，都会来接受供养。更有十地菩萨大人化现为比丘，杂在大众中同受供养。这些僧众都具足清净戒行，福德道行有如汪洋大海般不可思议。如果有人能供养这些僧众，现在及七世以来的父母眷属都能脱离三涂（地狱、饿鬼、畜牲）的苦难，及时得到解脱，衣食不缺。如果那人现世的父母还健在，则会富贵安康，已故的七世父母也会马上转生天上，享受种种快乐。这时，佛陀就让十方僧众先为布施供养的施主及他们的七世父母咒愿，接着端正心意，然后才享用食物。于是，僧众们便将供养的食物安放在佛塔前，接着一起为施主们咒愿，然后才各自享用食物。这时候，目键连比丘及在座的大菩萨都感到非常欢喜。尊者目键连也不再伤心流泪；而他母亲也在此日脱离本要经历一劫的饿鬼之苦。”自己的母亲得到解救之后，目键连问佛其他在地狱中受苦受难的母亲怎么解救，佛说每年七月十五用盂兰盆供养诸佛，以诸佛的威力给众母亲救拔这种痛苦，以后就这么做，这就是盂兰盆节的来由。

父母恩重难报，誓要报，不但要报答父母，让自己的父母离苦得乐，超脱轮回，还要让天下的父母离苦得乐，超脱轮回。这如同儒家讲“老吾老，以及人之老”，从孝敬自己的父母到尊敬和帮助周围的别人的父母，到天下的父母。这才是从小孝到大孝，孝敬自己的父母是小孝，孝敬天下的父母就是大孝；孝养父母的身体是普通的孝，孝父母之志就是中孝，孝父母之智，让父母离苦得乐，超脱轮回是大孝。

二、真孝能够感天动地

《孝经》中引孔子的话讲：“夫孝，德之本也，教之所由生也。”就是说“孝”是一切德行的根本，并且也是圣人教化所由以出发的地方，孔子说这是古代圣王治理国家让百姓安居乐业的“至德要道”。《论语》中也讲“孝悌也者，其为仁之本矣”，孝悌包括孝顺父母和尊敬兄长的德行，是修养仁德的根本出发点，而孔子看来仁是一个最高的德行，孔子从来不轻许“仁”，就是颜渊这样的得意门生，孔子也只说他能够三个月不违背“仁”，其他就一两天或者个把月都做不到。孝是一切德行的基础，因此把孝之德行，推广开来，做到极致，就可以感天动地。

孝分几个层次，一步一步展开。《孝敬》中说：“身体发肤，受之父母，不敢毁伤，孝之始也。立身行道，扬名于后世，以显父母，孝之终也。夫孝，始于事亲，中于事君，终于立身。”首先是照顾好自己的身体，这是孝的开始；其次是事亲，就是侍奉父母；再次是“事君”，照今天的话来讲就是忠于国家、为国家作贡献、为人民服务，因为“君”在今天相当于国家；最后就是“立身”，就是“立身行道，扬名于后世”。以下，我们逐一解释。

第一，守身。首先就是照顾好自己的身体，不要生病或者不要受到伤害。因为父母最担心的是我们的身体，《论语》中记载司马牛问“孝”，孔子回答说：“父母唯其疾之忧。”据说司马牛这个人体质不太好，总是生病，因此孔子告诉他要注意身体，父母总是在担心你生病。我们可以回想一下自己，远在他乡学习或者工作，父母打电话来，总是会询问我们的身体是否健康无恙。父母总是牵挂着我们，牵挂着我们的身体是否有病痛，是否被伤害等。因此孝亲的第一件事情就是“身体发肤，不敢毁伤”，那么有人会问，剪头发算不算毁伤发？在古代无论男女都留头发，有的人要头发如要命确实不能随便剪头发，但是今天我们剪头发已经是习以为常了。那怎么解释发不敢毁伤的问题呢？其实身体发肤不敢毁伤还包含着一个意思，就是我们儿女触犯法律成为罪犯，被人剃光头这件事，这样是违法伤德的事情，让父母蒙羞，因此不孝。另外，守身指保持节操和德行。《孟子·离镂》中讲：“孟子曰：‘事孰为大？事亲为大；守孰为大？守身为大。不失其身而能事其亲者，吾闻之矣；失其身而能事其亲者，吾未之闻也。孰不为事？事亲，事之本也；孰不为守？守身，守之本也。’”孟子认为：自己的品质节操无所失而又能侍奉父母的，我听说过；自己品质节操已陷于不义了，却能侍奉父母的，我就没听说过。应该侍奉的事很多，然而侍奉父母是根本；应该守护的事也很多，然而守护自身品质节操是根本。

第二，照顾侍奉父母。儒家里面提到孝亲的两个层次：① 孝养父母之身体。这只是给父母衣服穿，给父母饭吃，就是只养活父母，但是没有关心父母是否开心安乐、他们是否活得开心有意义等问题。孔子说这个犬马这样的动物也能做到，这算不上真正的孝。② 孝养父母之志。孟子讲了曾参孝养其父曾皙和曾元孝养曾参之间的细微差别而其境界天然之别。《孟子》中记载：“曾子养曾皙，必有酒肉。将彻，必请所与。问有余，必曰：‘有。’曾晳死，曾元养曾子，必有酒肉。将彻，不请所与。问有余，曰：‘亡矣。’将以复进也。此所谓养口体者也。若曾子，则可谓养志也。事亲若曾子者，可也。”曾参侍奉其父曾晳和曾元侍奉曾参，在表面上看都一样，都是有酒有肉，并且让他们有吃剩的饭，但是有一点非常重要，那就是曾参把剩余的酒肉撤回来要向父亲请示要给谁，这就是他帮助父亲实现他的志愿，替父亲去帮助别人；而轮到曾元了，撤回剩余的酒肉没有再问怎么处置，而是下一顿继续给送来。曾子养亲可以说既孝养了其父亲的身体也孝养了其父的“志”，就是帮助父亲实现他的愿望；而曾元就是只孝养父亲的身体而不顾父亲的“志”。《中庸》讲“夫孝者，善继人之志”，就是一个孝顺的儿女善于把父母的愿望或者遗愿继续完成。在此基础上佛教增加了一个层次，那就是养父母之“智”。就是作为儿女的通过自己的愿力和实际行动，让父母破迷开悟，走上正道，令他们相信佛法，修习佛法乃至得到生命的解脱。至于孝的第一个层次，今天很多人大概也能做到，就是出门在外的子女，经常给家里寄一点生活费回家，让他们有衣服穿、有饭吃，但是能做到孝养父母之志，让他们安享晚年、幸福生活的子女就比较少了；能够通过自己努力让父母破迷开悟走上成就大圆满生命的而解脱轮回的子女，大概就只有那些对佛法有所体会的佛弟子了。

第三，“事君”。《孝经》里面讲“移孝事君”，就是把孝敬父母之德推广到对君主的忠诚，为百姓谋福利，这就是把对父母的孝，这种小孝推广到对国家事业的忠诚和对天下苍生的泽被。同时，这也是一种保持“孝”的方式。《孝经·保孝行》篇中说：“故得敬爱之心，以养其亲，施及于人，此之谓保孝行也。〈诗〉云：‘孝子不匮，永锡尔类。’”也就是讲恭敬和忠心，孝养双亲，拓展到其他人，把这种德行不断地推及己人，在这个过程中我们就保持了孝行。结合今天的现实，我们上学的时候好好学习各种文化知识，加强道德修养，毕业之后到祖国最需要的地方去，把自己爱父母孝敬双亲的德行，推广到对上级领导的恭敬、对同事的关心以及对国家和人民的忠诚，勤勤恳恳，努力工作，把人民当做自己父母来倾听他们的心声，急民之所急，谋民之所需，这就是真正的为人民服务，也是在行孝，并且是相当于中孝。

第四，“立身行道，扬名于后世”。什么是立身？孔子讲：“立于礼。”我们能够在社会中坚守原则，知道什么时候该做什么，不违背原则而立于不倒之地。什么是行道呢？行道就是要弘扬正道即圣贤之道或者佛法，要秉持孟子讲的“天之生斯民也，使先知觉后知，先觉觉后觉”的道理，弘扬正气，净化社会人心，通过圣贤之道和佛法启迪大众的智慧，让他们迷途知返，让他们走上正道，离苦得乐。孔子说“人能弘道，非道弘人”，庄子说“道行之而成”，因此我们继承先圣的智慧，不断通过自己亲身践履而惠及百姓、启发众人，把这种当做是一项神圣的事业，贯彻到我们生活和工作的每个环节，那么我们就在立身行道。当然，今天我们帮助那些生活在贫困线下的民众脱离物质贫困，帮助那些上不起学的孩子们有机会读书学习，以及贡献自己的智慧在社会主义经济社会建设的各项领域中发挥我们的积极作用都是在立身行道。儒家讲三不朽，就是立德、立功、立言，我们在这三个方面都做得非常好，那就能够扬名于后世，光宗耀祖，这就是孝之终。而至于佛教，就只有立身行道，但是没有扬名于后世的说法，佛教破除了对名和利的观念，但是佛教讲以菩萨的精神救拔一切众生，就是他们不但孝敬自己的父母，也孝敬天下所有的父母。

当我们把孝真正落实、做到了，那是足以感天动地的，就如同《孝经》讲“孝悌之至，通于神明，光于四海，无所不通”。把孝真正做好了可以成圣成贤，也可以成菩萨成佛（地藏王菩萨就是个例子）。下面看看《二十四孝》的第一个“孝感动天”：“虞舜，瞽瞍之子。性至孝。父顽，母嚚，弟象傲。舜耕于历山，有象为之耕，鸟为之耘。其孝感如此。帝尧闻之，事以九男，妻以二女，遂以天下让焉。”用白话来讲就是：虞舜，相传他的父亲瞽叟及继母、异母弟象，多次想害死他：让舜修补谷仓仓顶时，从谷仓下纵火，舜手持两个斗笠跳下逃脱；让舜掘井时，瞽叟与象却挖土填井，舜掘地道逃脱。事后舜毫不嫉恨，仍对父亲恭顺，对弟弟慈爱。他的孝行感动了天帝。舜在历山耕种，大象替他耕地，鸟代他锄草。帝尧听说舜非常孝顺，有处理政事的才干，把两个女儿娥皇和女英嫁给他；经过多年观察和考验，选定舜做他的继承人。舜登天子位后，去看望父亲，仍然恭恭敬敬，并封象为诸侯。后人有诗赞曰：队队春耕象，纷纷耘草禽。嗣尧登宝位，孝感动天心。

三、孝行缺失，重振孝道

虽然父母恩重如山，孝敬父母是天经地义的，但是在现实世界中，人们对孝熟知而非真知，能知又不一定能行，能行又非真行，因此我们的现实世界就难免出现许多孝行缺失的残缺。《佛说父母恩重难报经》说，父母那么艰辛困苦地养育儿女，但是他们长大了反而不孝，他列出了多种不孝敬父母的现象。首先是在家中的不孝现象。在家不听父母的话和顺从父母，对父母没有礼貌，甚至恶眼相视，打骂兄弟，欺凌伯叔，诋毁亲朋好友等；甚至认非为是，被人诱惑逃往他乡。背弃爹娘眷属，在他乡或者做生意，或者做官，随着时光的流逝，结婚为家，他们乐不思蜀，把父母遗弃在故乡而不管；或者在他乡，不小心被谋害、被冤枉而浪荡入狱，吃尽苦头，或者被人嫌弃街头，或者生病无人救助而终等，但是不孝子女怎么知道家中父母二老，永远惦念着他们，以泪洗面，伤心流泪到眼花目盲，就这样牵挂着子女衰老而死去；或有的子女不好好学习，不好好工作，结交狐朋狗友，变成无赖小流氓，打架偷盗，饮酒赌博等，触犯乡里，连累兄弟，烦乱父母，他们早出晚归，不问父母亲人冷暖病痛，有年迈的老人，上床翻身都困难，但是作为子女的从来不闻不问，作为年老体弱的父母只能忍气吞声受尽折磨苦痛；有的让父母独守空堂，让父母就像寄身别家，寒冻饥渴子女从来不闻不问，让老人昼夜哭泣叹息；还有子女为了赚钱供养子女，不辞辛苦，不避羞辱，他们牝鸡司晨，对妻妾百依百顺，对待父母尊长却嗔恨呵骂，完全没有敬畏之心；如果是女儿，在没有出嫁之前都很孝顺，出嫁之后，逐渐变得不孝顺，父母说她们一点，她们就生怨恨心，而面对夫妻打骂，又甘心受苦，对异姓他宗，情身眷重，自家骨肉，却已疏远，他们随着郎君，到外地他乡，与父母断绝音讯，让父母牵肠挂肚，坐立不安，就像把他们倒置着吊在空中一样，想见自己的女儿如渴思浆，慈念后人，无有休息。

以上是《佛说父母恩重难报经》中描述的不孝子女的种种表现，在儒家的代表作之一的《孟子》中也讲到不孝的问题。《孟子·万章上》中说："人少，则慕父母；知好色，则慕少艾；有妻子，则慕妻子；仕则慕君，不得于君则热中。大孝终身慕父母。五十而慕者，予于大舜见之矣。"就是说人们在小的时候，爱恋父母，等到知道男女之事的时候，就迷恋少女，等到有妻子就爱恋妻子，等到工作了侍奉君主，就迷恋君主，得不到君主的欢喜和赏识，则内心焦灼，这是一般人的表现，而大孝子，终身都爱恋父母，就是像舜一样，五十岁了还爱恋父母，得不到父母肯定和欢喜富有天下都不值得高兴。

孝道缺失的世界是一个悲惨的世界，但是现实中孝道又没有那么容易得到昌明，以下是几个发生在今天社会中的不孝子女的惊心动魄的故事。

《孝经》讲"身体发肤受诸父母，不敢毁伤"，今天却屡屡出现为了买个高价电子产品而卖自己的器官的不孝子女，下面先介绍一个迷失在追求虚荣之中，不知道爱护自己的身体的，为买“苹果”手机和iPad2而卖肾致三级残废的案例。

据华声在线于2012年4月6日报道：

湖南郴州17岁高中生小王为买“苹果”手机和iPad2，在网上黑中介的安排下卖掉了自己的一个肾。

中介人何伟因欠债穷途潦倒，便企图通过非法肾移植牟取暴利。他邀尹申为其寻找非法移植的肾源，尹通过QQ群找到了两个“供体”，其中一个便是想买“苹果”手机和iPad2的17岁高中生小王。何伟又通过唐世民找到郴州某医院“男性泌尿科”承包人苏开宗为其提供移植手术便利。

2011年4月下旬，“供体”小王与肾移植的“受体”先后来到郴州。何伟又电话邀某省肿瘤医院泌尿外科副主任医生宋忠于施行移植手术，还从某医院请来麻醉医生、手术助手和护士各一名。2011年4月28日晚上9时许，何伟、尹申、唐世民、宋忠于等人和“供体”小王以及“受体”来到苏开宗提供的场地，做了人体活体肾脏移植手术。

事后，“受体”付给何伟15万元人民币和10000美元。何伟将10000美元兑换成66360元人民币，然后付给苏开宗6万元、宋忠于5.2万元、其他手术参与人员1.3万元、唐世民1万元、尹申0.3万元。2011年5月2日中午，“供体”小王出院时，何伟给了他2.2万元。何伟在这次交易中获利56360元。

术后，小王的身体状况越来越差，检查结果为肾功能不全，经鉴定，其伤情构成重伤、三级伤残。

一个高中生不知孝敬父母、不知敬畏自己的身体，只为了一个苹果机，只为了在同学中想显得更气派一点，竟然卖掉自己肾，而这些组织卖肾的犯罪团伙唯利是图，完全没有对生命的敬畏之心，完全没有把法纪法规放在心上，做出这种惨不忍睹的事情，都是大不孝的表现。然而，在今天，案件被曝光的不在少数，那些未经曝光的我们亦不知道有多少。

2010年11月9日《京华时报》报道：北京一80岁老人柴老太遭遗弃饿死，而面对法医鉴定结果为饿死，他四个儿子各执一词，不敢面对事实，不敢接受不孝养老人的后果。大家想想一个拥有四个儿子的老人居然被饿死，这是不是一个孝道缺失的悲惨家庭？

孝道至关重要，就像孔子说的“先王的至德要道”，但是“人能弘道，非道弘人”，再好的道也需要人们去弘扬，去实践，就是需要我们身体力行地去推广。今天我们的政府意识到了孝道的重建对于教化社会人心、对于和谐社会的构建和幸福生活指数的提高大有帮助，因此倡导大力弘扬中华优秀传统文化，其中一个至关重要的就是孝道的弘扬。胡锦涛主席曾提出“干部的选拔和任免要德才兼备，以德为先”，可见我们的政府、我们的党高度重视对官员干部的德行的要求，而如今我们依稀可以看到孝敬开始成为地方官员考核中的硬性指标。《南方都市报》2012年6月10日的文章《孝敬父母纳入官员考核，大陆尚无人因此影响提拔》列举了几个地方把孝作为官员考核标准的例子，说“北京市今年出台的公务员考核意见中，道德考核在公务员总分100分的评分标准中占了20分，其中政治品德和职业道德各占6分，社会公德和家庭美德各占到了4分。而家庭美德一项中很重要的标杆就是是否孝敬父母”；并且提到“在地方，是否孝敬父母一项占的比重则更大，甚至可以一票否决官员的升迁。江西萍乡去年起规定，拟提拔官员若被发现不孝敬父母，将撤销提拔”。这是官方的力量在推动孝道的重振和回归，让我们看到孝道回归人间的新希望。

另外，民间的力量在恢复和重振孝道。比如以原中央电视台东方时空主持人陈大惠为代表的团队在全国各地举办《大型传统文化公益论坛》，每场参加人数上千人，通过学习《弟子规》分享心得，感染着在场的每一位观众，同时他们通过免费结缘赠送光盘的形式，让全国千家万户的百姓能感受到中国传统文化的力量和孝的力量，涤荡心灵，让多少不孝子女迷途知返，重新回到父母身边，重建温馨和乐的家庭，力行《弟子规》做好中国人，他们把孝道推广到自己所在的单位、所接触的人，影响到许许多多行业及个人。还有现在兴起的民间书院、学堂，诵读孔孟之书，学习《弟子规》，比如在谦学堂，还有儒林讲习探讨孝道重振问题，如苇杭书院，还有各个寺庙的感恩法会等。

在政府的倡导和鼓励下，加上民间组织的重振和复兴，我们可以预见一个孝道重归人间的景象。但是这一切都需要克服各种困难，要以佛教大无畏的勇气以及慈悲救世的胸怀去面对，去努力，去改善。

孝道作为“至德要道”、一切德行的根本以及治理国家和天下的重要法宝，自从孔子昌明，汉武帝独尊儒术之后，逐渐成为国家治理天下的重要工具，也因此孝行天下，但是也存在种种弊端，比如“举孝廉亲别离”等现象也不少，但历朝历代以孝治理天下，使孝道广泛深入人心，不孝的现象常受到舆论的谴责，直到灭绝人伦的文化大革命，变成“爹亲娘亲不如毛主席的恩情深”，高扬墨家，主张无差别的爱，甚至为了革命事业不要家庭，不要亲情，因此孝道受到巨大的冲击，改革开放纠正了文化大革命的错误，拨乱反正，但是在以经济建设为中心的市场经济的洪流之中，人们的心灵被各种物质欲望和权力蒙蔽，甚至有人提出用金融养老解构孝道，孝道依然没有得到弘扬，反而不孝的现象更加令人惨不忍睹，社会道德失范，冲破道德底线的现象屡见不鲜，而今天我们党和政府重提孝道以及民间力量重振孝道，圣贤教育和德行教育引起许多有识之士的高度重视，孝道经历了历史的波折，又一次将受到人们的广泛关注，真可谓人间孝道是沧桑！

作为个人有因利益、情感等原因或者是出于无知而难以行孝行道，又加上各种社会政治等原因导致孝道难以一直昌明，因此行孝就显得更加艰难了。但是一个人要行孝是不是做不到了呢？孔子说“我欲仁德，斯仁至矣”，其实我们也可以说“我欲孝，斯孝矣”，但是其间需要我们以大无畏的精神去战胜诸如以上所介绍的种种困难，学习圣贤教育，落实孝道，长养道德根基。今天我们重温圣贤的教育，养成听话孝顺的性格，做一个靠谱的人，做一个有福报的人，我们的生活将更加美好，我们的人间将春意长存。

第七讲

书山有路 学海无涯——精进好学性格的养成

知识改变命运，不断地学习才能使人立于不败之地。但是学习不是一蹴而就、欲速而成的事情，而是要虑以长远，如春风化雨。学习的最好方式是化育，化育是让人从精神、心灵上受益。要想做到这点，首先要让人形成求知的兴趣，有了兴趣，人才会主动学习、主动探索未知领域，如此一来，形成主动求知探索的风气。因此，必须培养起人的求知热情，让人形成主动追求真理的习惯，这种习惯会成为一个人长远发展的动力源泉。

学习给人提供安身立命的根基，让人找到生命的归宿，使他在自己所认可的价值体系中实现并升华自己生命的价值。学习不单单要开发人的智力，使人在知识的总量上有所增加，更要启迪人的心灵，使每个人追问生命的意义，寻找生命的价值，而且只有找到这个问题的答案，一个人才算找到生命的航向，才不会使自己的一生庸庸碌碌。知识可以让弱小的人变得强大无比，知识可以让愚昧的人开启智慧之门，知识可以让平凡的人踏上伟大之路。

一、古人为学以修身立德为本

学习知识不能只着眼于一时一地之利，而必定以长远计，几十年，几百年，甚至上千年。中国古语说“百年树人”，真正培养一代人需要几十年甚至上百年的时间，因此，对学习结果的期待必定不能急于求成，其效果要到百年方见其硕。中国古人对育人的理解就虑以长远，而绝不是于短期内灌输成才。从修身立本一直到治国平天下，活到老，学到老，生命不息，精进不止。记录孔子言论的《论语》开篇即说“学而时习之”，学字当头，可见孔夫子对为学之重视。为学非一日之功，所以孔夫子说要“时习之”，要不断地在实践中练习、践行才算是真正的学习。

1. 古人为学以德行的培养为首

既然是长远之计，就必须以一定的次第循序渐进，否则就会犯拔苗助长的错误，欲速不达，事倍功半。那么古人所遵循的为学次第是什么？《弟子规》中说：“子弟入则孝，出则悌，谨而信，泛爱众，而亲仁，行有余力，则以学文。”这是孔夫子当年教导弟子的为学次第，后被清朝李毓秀单独摘列出来发挥成书。从这条教诲里可以看出，古人为学先是修学孝悌忠信之理，然后再去习各种技艺。前者是修身，内容涵盖孝悌、谨信、泛爱、亲仁，重点在培养孩子的德行，具备这些德行之后，若有余力再去学文，这里的文就是指技艺文章。

古人育人为何以德行的培养为首？这必定赖于古人对人性的认识，对人生价值的定位。《三字经》开篇即说："人之初，性本善，性相近，习相远。"古人认为人性中有善的方面，因此人的成长，首要任务便是将此善性开发出来，尽心涵养。这一开发和涵养就是习的功夫，要多向善的方面思考、做事、多亲近善友，多接触善的环境。久而久之，则善性坚固，日后倘若再遇恶人恶事，则能避而远之，乃至宽容化解之。孟子以"四端"解释人性，仁义礼智非由外烁，本来有之，因此不需外求，只要反求诸己则得之。由此人性观则推知古人之价值观。人之一生，首先就是要开发心中之善性，然后以此为人处世，尽心助人，入则孝悌，出则忠信。这便是古人定位人生、安立身心之基本观念。德行为首，技艺次之，前者坚固，则必定能于家庭、国家中合仁义之礼，此即是古人所说："先立乎其大者则其小者弗能夺也。"基于这种对人性的认识，古人为学以修身立德为首要任务也就顺理成章了。

2. 德行的培养又以孝悌为先

《论语》中孔夫子对弟子的学习即是将此理念一以贯之，德行为上，而德行又以孝悌为先。孔子的弟子有子说："其为人也孝悌，而好犯上者，鲜矣。不好犯上，而好作乱者，未之有也。君子务本，本立而道生，孝悌也者，其为仁之本与？"（《论语·学而第一》）一个懂得孝悌之道的人，对君主很少有冒犯的，对君主没有冒犯之心的人是不会作乱的。因此，古人培养孩子的德行首先从家庭的孝悌入手，孝悌做得好则服务国家就有根基。因为古人有移孝于忠的观念，一个在家孝父的人若侍奉君主则能尽忠，一个在家悌长之人，于宗庙朝廷就能事公卿。孔子最欣赏的弟子颜回主要以德行著称，孔子评价他“不迁怒，不贰过”，称赞他“其心三月不违仁”。（《论语·雍也第六》）以至于当颜回去世时，孔夫子悲恸万分地说：“天丧予，天丧予！”（《论语·先进第十一》）当有人看到孔子为颜回之死而悲恸哭泣时，他又说：“非斯人之为恸而谁为。”（《论语·先进第十一》）可见孔夫子对颜回的短命而亡是真有痛心之感。之所以如此，正是因为颜回深得孔子教学之精要，并拳拳服膺，时时处处涵养自己的德性。

3. 德本财末，本立道生

《大学》将为学次第讲得更是清楚。“大学之道，在明明德，在新民，在止于至善。”明明德便是将自己心性中的德性发挥出来，使之昭明。之后才可以谈得上新民，乃至止于至善。又说：“是故君子先慎乎德，有德此有人，有人此有土，有土此有财，有财此有用，德者，本也，才者，末也，外本内末，争民施夺。”可见，人必以德为本，有德则人、土、财、用自然归附之。倘若本末倒置，舍德求财则最后只能两手空空。慎德也就是修身：“自天子以至于庶人，一是皆以修身为本，其本乱而其末治者否矣，其所厚者薄而其所薄者厚，未之有也。”修身则要在格物、致知、诚意、正心上下工夫。身修好了自然家齐，家齐而后国治，国治而后天下太平，因此修身乃是天下国家昌盛太平之基础。对于个人来说，身修则知是非，知是非则会取舍。日后不论出现何种困境，都能于其中端身正念，若不能周全，则舍生取义也无怨无悔。颜回“一箪食，一瓢饮，在陋巷”而不改其乐。孔子于陈绝粮，子路抱怨，问：“君子亦有穷乎？”孔子回答说：“君子固穷，小人穷斯滥矣。”（《论语·卫灵公第十五》）可见，一个对德行坚定不移的人，不论处于何种境遇都能保持自己的操守，正所谓：“造次必于是，颠沛必于是。”（《论语·里仁》）古人学习从德育入手，教人修身立本，真乃洞见也。本立则道生，立本之后再去学习各种技艺，则能将技艺用于社会需要之处而服务于他人和国家。否则无利人之心，技艺再高超，知识再广博，于社会国家无一用处，则不如不学。更有可怕者，仗此聪明才智谋财害命、伤天害理，岂不误入歧途，祸国殃民！

上古时代，国人对德行的崇尚就表现于国家生活的方方面面。当年尧要选择继位的君主时，大臣们一致推荐一个乡下人——舜。舜当时以至孝出名，对父亲、继母和弟弟的虐待与残害不仅不与之计较，反而尽全力维护家庭的和睦。因此他的孝感天动地，不仅使周围的乡人感受到他的敦厚淳朴，而且各种鸟兽草木都能受到其德行的润泽。因此尧才放心将天下交付于他。而舜选择禹为继承人，同样是因为禹之公心和德行。他为天下苍生治水，几次过家门而不入。因其治水之功得到民心，舜于是将君位传给他。

中国历史上代代有能者贤人出，而最能让人尊崇敬仰者必定是德行博厚之人。所以《易经》中说："天行健，君子以自强不息；地势坤，君子以厚德载物。"自强不息则生命的力量源源不断，地势坤，则生命有海纳百川之容量，温和谦下，淳朴敦厚。这正是古人学习的精要，厚其德，健其行，则可以为顶天立地之大人。

二、佛陀之学习法门

孔夫子一生“学而不厌、诲人不倦”，“学为人师，行为世范”，民到于今仍受其德行之润泽。释迦牟尼佛关心的不仅仅是人伦日用的大道，而且是整个宇宙人生的真相。为悟得此真理，他舍家弃欲，苦修学道，六年后于菩提树下悟道成佛，之后说法四十九年，成为一切有情众生的老师。他以“无缘大慈，同体大悲”的精神，每日不倦，为众生说法，使无数众生从迷中醒来，走上了觉悟之道。他就是释迦牟尼佛。他在这个娑婆世界创立了佛法，证悟到宇宙人生的真相，从而给世人找到了通往智慧、光明、解脱的大道。悟道后为世人说法四十九年，使无数人破迷开悟，离苦得乐。在此意义上，他是世间一切众生的老师。

释迦牟尼佛出生于古印度的迦毗罗卫国，名为乔达摩·悉达多，他是净饭王的儿子，从小备受爱护，在一个衣食无忧、物质供求应有尽有的环境中长大。父王为了让他继承王位，使他接触的全是人世间的欢乐和喜悦。但一次偶然的机会，他在出城巡游的过程中看到了世间的苦，比如有些穷乞孤独、老弱病残的人，他们有的奄奄一息，有的被一把火烧成灰烬。这些惨状让他心痛，他忽然悟到人有生老病死之苦，于是萌发了求道之心，想要证悟这个世间的真理以帮人们永远解脱。他二十九岁离家，用六年的时间修苦行，后来于菩提树下结跏趺坐，七七四十九天，终于战胜各种魔障，证悟了宇宙人生的真相。悟道成佛后，他以慈悲心住世说法，以善巧方便教化有情，使无数众生破迷开悟，脱离生死轮回。

释迦牟尼佛与此娑婆世界有很深的因缘，虽然生在帝王家，但他并未贪恋优裕的物质生活，当他一接触到世间之苦时，便生出强烈的悲心，要帮人们从苦海中解脱。为了实现这一大愿，他舍弃自己尊贵的身份和应有尽有的物质财富，苦修学道。刚开始时，他修苦行，通过断食等方式摆脱身体对心灵的束缚，六年中，每日一餐。后来发现这种方法不能真正解脱，于是选择了一条中道之路，经过非常艰苦的考验，终于战胜魔王的干扰而悟道成佛。

他的修道过程，投射出一种世间无可比拟的力量和精神，这种力量和精神使他冲破一切困难。他本来生活无忧，拥有人类梦寐以求的各种享受：财富、权力，幸福的家庭。可是他却放弃这一切而去苦修，目的只有一个，即为世间人找到摆脱轮回之苦的大道。有这样一种强烈的愿心，他才能在极其恶劣的苦修环境中坚持下去，才能在五比丘弃他而去的情况下坚定自己的信念，这种愿心是他对众生的慈悲心。当慈悲强烈到一定的程度，就能转化成一种无法阻挡的行动力量，能够克服任何的艰难险阻，没有任何畏惧。这种慈悲和无畏于他后来说法时一以贯之，他悟道后住世说法四十九年，行为世范，无怨无倦，教化无数有情。

释迦牟尼佛悟道之后说的第一句话便是：“众生皆有如来智慧德相，但因妄想执着而不能证得。”（《华严经》）这一如来智慧德相便是每个人的清净自性，每个人的佛性。只是因为众生每日妄想执着太多，所以这一清净自性被遮蔽了。释迦牟尼佛和众生的佛性没有两样，区别只在于，佛是觉者，众生还在迷中见不到真相。众生之迷，正在于每日起心动念，计较是非人我，从而妄想不断，烦恼不断，于各种苦中轮回不休。之所以有妄想烦恼，是因为有执着，即我执和法执。我执即执着于有我，以为有个真实的我之实体，此即颠倒梦想，执虚为实，是愚痴的表现。有了我执，便会每日为这个身体打算，得失必较，各种贪心便起。外界的人事于己稍不如意，便会生出各种嗔怒、嫉妒，怒火中烧。这就是佛总结的众生三毒：贪嗔痴。有此三毒，众生便整日在妄想烦恼中无休止地受苦。更加严重的是，众生于此剧恶极苦之中却不自知，不以为苦反以为乐。释迦牟尼佛见世间人如此可怜，所以将自己悟到的真相告诉世人，希望世人真正懂得何者为苦，何者才是真正的快乐。

而众生要证悟如来智慧德相，便是放下二执，了悟世间一切皆因缘和合而成，一切皆刹那生灭，无有永恒不灭之实体。我法皆空，了不可得。《金刚经》中说：“一切有为法，如梦幻泡影，如露亦如电，应作如是观。”《心经》更是在开头点破世间真相：“观自在菩萨，行深般若波罗蜜多时，照见五蕴皆空，度一切苦厄。”一切有为法都如梦幻泡影般虚幻不实，都是众生起心动念造作出来的，绝非实有。人也是如此，五蕴皆空。若真明白此理，便不再执着于我法，没有了执着，便不再以贪嗔痴造轮回业，也就走上了破迷开悟的悟道之途。释迦牟尼佛说法即是告诉众生此道理，这一道理被总结为四圣谛：苦集灭道。“苦”主要有八苦：生、老、病、死、求不得、怨憎恚、爱别离、五蕴炽盛。“集”便是告诉众生为何有苦，是因为众生的执着。有执着便生出各种烦恼，造作各种轮回业。“灭”是指释迦牟尼佛所证悟到的最高境界：涅槃寂静的境界。这才是完全解脱的大自在状态。“道”则是众生要证悟此境界必须经历的修行过程。释迦牟尼佛一生讲法即是告诉人们此道理，让人们明白世间真相，早日看破放下以脱离苦海。

佛陀的学习乃是圆满无碍、穷尽一切真相的学习。因为众生因缘不同，虽然在每个时代只有部分众生可以信受奉行，但所有人都可以从他的探索历程中有所启发。他对众生的大慈大悲，他不畏艰难的苦修求道，他不辞辛劳、几十年如一日的转法轮说法，都有很多值得我们学习的精神。当然，我们并不要求每个人都接受佛陀证悟到的真理，但他上求佛道下化众生的精神却是可以作为激励每个人追求生命价值的力量。

三、精进好学，学以致用

今天，我们距孔圣人、距释迦牟尼佛生活的年代已经有千年之隔，我们的生活环境、时代背景都发生了翻天覆地的变化，但做人的基本原则，人世的真理没有改变，因此，他们的教诲和事迹仍然可以成为我们现代人学习的楷模。但是当我们把眼光拉回到今天的社会，古圣先贤很多可贵的精神早已被我们遗忘在历史的角落里。真正像孔夫子、像释迦牟尼佛一样志心求道的人已经少之又少。即便那些稍有理想、有志向的人也已被现实磨去了棱角和锐气，整个社会的眼光都盯着名利二字。在这样的社会氛围中，很少有人再有心思求道求德，大家都在求财求权。若能以诚信仁义的原则求财求权倒也无可厚非，可问题在于，当名利成了人们唯一的追求，做人的底线在这些晃耀的光环面前显得越来越苍白。范仲淹一句“先天下之忧而忧，后天下之乐而乐”，道出了古人为官的初衷，而今天，这句不朽的名句仅仅成了让大家偶尔激动的谈资，它在关系复杂的官场中显得越来越虚无缥缈。北宋张载一句“为天地立心，为生民立命，为往圣继绝学，为万世开太平”，立下了中国知识分子的志向，可是同样的命运，这也只成为知识分子无比憧憬的使命和理想，在残酷的现实面前，少有人还能真正地坚持这种理想。

看一下中国年轻人的生活状况和精神风貌，我们便知国家将来的几十年、甚至上百年会是一幅怎样的图景。走进各大高校，我们会被这些天之骄子的生活状态震惊。在优越舒适的求学环境里，多少大学生在睁着一双迷离又蒙眬的眼睛沉浸在刺激的游戏中乐此不疲？他们在电脑前玩得昏天暗地，完全忘记了自己当下的本分和职责。每年，高校跳楼自杀的硕士、博士生屡屡见报，究其原因，不外乎学习任务重、生存压力大、人际关系处理不当。家长含辛茹苦养育成人并寄予厚望的依靠就这样轻而易举地结束生命，让他们今后的生命于何处寄托？每年，都有新闻报道，老人被逐出家门，无家可归，流落街头。每年，不知道发生多少孩子虐待父母的案件，不知道多少父母在伤心难耐中含恨而终……一年又一年，不知道发生了多少类似的事件，让我们寒心、震惊、难以承受！可是责任在哪里？在孩子？在家长？还是在社会环境？

一个小孩子，生来心灵纯洁无瑕，当长到十几岁、二十几岁，普遍出现各种心理、身体问题，甚至到四十岁、五十岁，心智仍然处于不成熟状态。《三字经》中说："性相近，习相远。苟不教，性乃迁。"人虽有善性，但这善性必须在后天的学习中才能开发出来并巩固完善，因此后天化育引导的作用非常重要。作用发挥不好则人之善性就会被磨灭，人之恶随之被牵引出来。学习之作用正在于此，抑恶扬善，化育人心，使之越来越光明，越来越坚强。

还有很多问题可以被我们反思，但是所有问题最后都可以归结到一点，即我们的学习模糊了成才这个概念的含义。我们对成才的理解仅仅局限于智力的开发，让其在最短的时间内掌握最多的知识和信息。因此，我们的学习几乎在用一种戕害天性的方式向孩子大量灌输。并不是说让孩子学知识成才就是错误的，而是说我们的方式太急于求成了。要知道，任何事情急于求成都会为将来留下隐患。学习更是一个不可心急的事情。正如我们盖一座大厦，地基是至关重要的，只有地基坚实，其上的各种建筑才能被支撑起，这座大厦才能历经风雨而屹立不倒。倘若地基都没有打好，大厦即便再富丽堂皇，也会很快坍塌掉。学习中，这地基就是成人，成人就是古人所说的修身。修身包含人生的各个方面，孝悌忠信礼义廉耻，这些德行都是个人修养的基本要求。具备了这些德行，知道自己于家庭、于社会中如何定位，也就知道了自己今生的价值定位。有了这种价值定位，便确立了人生的大方向，不论日后从事何种职业，不论处在社会的哪个阶层都能坚持自己的原则，都能在事业中找到心灵的寄托，而今天学习中出现的很多问题便会迎刃而解。比如，当一个人懂得德行是人生最宝贵的价值时，他会从小立志做一些利他的事业，有了这样的志向，即便他的职业微不足道，他也觉得自己的人生极其有价值。而一个德行很好的人必定会有同样德行的人向他靠拢，那他的心灵一定无比充实，他的生活圈子也会洋溢着欢乐的气氛。再比如，一个从小就立志为公的人，他在学习生活中自然就不会畏惧各种困难，正像孔夫子立志复礼，高僧大德立志普度众生一样，强烈的愿力能够化为一种大无畏的精神，任何困难在这种精神面前都会被踩在脚下。因此，一个从小德行根基建立的人，他的一生必定充实快乐，即便没有出众的才能，即便他的事业微不足道，他仍然会得到人们的尊重，更重要的是，他找到了生命最坚实的基础，终其一生，必然无所畏惧更没有遗憾。这就是所谓的成人，是整个人生大厦的地基。真正的人才必定建立在这个基础之上，否则做个装满大量知识和技能的仓库，永远不知道把这些知识和技能用到何处，实在可怜亦可惜。

很多人认为学习只是在学校的事情，只是学生的责任，实则学习是终其一生的，是日学而日新，日新而日益。知识如浩瀚的海洋，人类现在的认识只是其中一隅罢了。哪怕就是这小小的一隅，一个人的一生也是知之不尽的。

禅宗讲挑水劈柴皆是道，也就是说我们平常的生活中就参透着佛理，只需要我们有感悟佛理的心。日常的生活工作中都需要我们不断地学习，缺少的是一颗精进求知的心。子曰："三人行，必有我师。择其善者而从之，其不善者而改之。"只要我们有发现真善美的眼睛，我们能够从别人身上找到值得自己学习的优点，我们就有了无限提升完善自我的空间。

在佛家看来学习就是一种修行。有人问："什么是修行？"简单的解释就是去除我们内心的种种烦恼习染，用一颗平常心来面对人生，这就是修行的最高境界。在修行中觉悟生活，在待人接物中参透人间百味。修行就是一种健康向上的思维方式，它是人生成功和幸福的关键。所以人们常说："人的心灵就像一座花园，你想什么它就长什么。"杂草丛生还是满园鲜花，都在我们的一念之间。我们的内心就好比一块磁铁一样，当我们满心喜悦的时候，我们看到的、吸引的都是美好的事物，而当我们悲观、沮丧的时候，仿佛来到我们身边的都是不好的、消极的。所以心的力量很强大，心的作用很重要，我们要善于培育好我们的这颗心。

有一则故事在英国非常的流行，讲的是一个人他什么都不信，活得非常快乐，临终的时候他受到了上帝最严厉的惩罚。上帝先把他关进了一个酷热的房间里，以示惩戒，七天以后，上帝来看他，问他："这么热你还开心吗？"他说："热啊，但却有让我回公园里晒太阳的感觉，暖洋洋的当然开心了。"上帝听完后，又把他关进了一个寒冷刺骨的房间，他冻得不行，浑身直发哆嗦。上帝又问他："你还开心吗？"他说："我很开心，虽然这里很冷，但是我想到了圣诞节快要到来的时候，又有圣诞节的礼物，又有圣诞节的气氛，我非常开心。"于是上帝把他关进了一个阴暗潮湿的地方，又过了七天，这人反而更加的开心，上帝不解地问："你为什么这么开心？"他说："我是一个足球迷，但我最喜欢的足球队总是输球，我记得有一次球队意外的赢球了，当时的天气就是这样子，又潮湿又阴暗。"

这个小故事看起来很简单，但却可以启示我们：客观条件恶劣吗，当然很恶劣，但是可以影响到我们的内心的环境吗？没有。我们生活中总会遇到诸多不如意的事情，所以我们要学会转变我们对待这些不如意之事的心境，这叫做境随心转。

每个人的力量就好比一只小小的萤火虫，我们的力量与光明是微弱的，但是我们的力量集合在一起就是一道最美的风景线。有时候我们需要缩小自己，配合别人，得到生活的智慧，获得付出后的快乐，结交志同道合的朋友，在许多社会小人物身上找到面对人生的答案，慢慢地打开心门，渐渐就能告别忧郁的阴影。

第八讲

存平常心　做非常事——淡定释然性格的养成

一、无畏，路就在前方

近些年来，大学生就业难问题成为一大难题，抛开社会的诸多竞争压力，大学生也要学会“行由不得反求诸己”，思考自我身上的诸多问题。而不是一味地抱怨和气馁，从而失去信心。

星云大师曾经讲了这样一个故事：

一个年轻人准备出去闯荡。动身前拜访了老族长，请老族长给他一些提醒。老族长正在练字，就挥笔写下“不要怕”三个字，接着说道：“孩子，人生的秘诀有六个字，今天我先告诉你三个字，供你半生受用。”多年以后，当年的游子取得了很大的成就，也添了很多烦恼。回到家乡，他又去拜访那位老族长，不料老人家已在几年前去世，族长家属取出一个密封的信封说：“这是他生前留给你的，他说有一天你会再来。”游子打开信封后，又看到三个字“不要悔”。

可见，你怕的事情太多，就会生活在恐惧之中，因此要有无畏心，要有勇气，人生才能减少许多痛苦。维特根斯坦也说过：“勇气通往天堂之途，懦弱往往叩开地狱之门。”年轻人最为宝贵的就是拥有时间，它可以允许你犯错误，可以允许你进行不同的尝试，只是你要拥有勇气迈出你前进的脚步。同时，在经历了挫折过后不要后悔，而是总结经验教训继续前行。在找工作中也是如此，不要担心自己不符合用人单位的要求，首先自己做好充分的准备，包括专业知识、心理准备和面试准备等。然后，勇敢地去尝试，即使遭到拒绝也不气馁，而是从中发现自己的不足，不断完善直至做好。

某大学中文系的小赵，大学期间他埋头写作，发表了很多篇论文。毕业前，学校老师指着一则招聘启事说："这家报社在我们省城知名度最高，效益最好，他们正在招聘编辑，你快去试试。"小赵拿过报纸一看，对老师说："我不符合条件，他们要求的编辑实际工作经验必须2年以上。"老师笑笑道："你的作品就是一块响亮的敲门砖，或许报社里有编辑记者的水平还不如你呢！"小赵又说："那么多人应聘，怎么会看上我呢？"老师问："你见过总编了吗？你了解过全面竞争对手的情况了吗？"小赵说："没有。"老师问："那你到底怕什么？"怕应聘的小赵后来拎着一袋报刊去见总编，居然被破格录取了。

鲁迅先生曾经说过："人生的旅途，前途很远，也很暗。然而不要怕，不怕的人面前才有路。"是的，大学毕业生刚刚走出象牙塔，开始人生新的旅程，这个旅程充满了未知的因素和挑战，同时也充满了梦想和希望，如果只是被眼前的困难所羁绊，那么永远都不会看到远方的光明。作为年轻人我们要相信"树木不经日晒雨淋长不高，人格未经千锤百炼不健全"，要越挫越勇，勇于挑战，不畏艰险。

一片不着边际的沙漠上，尘缘大师和他几位徒弟在那里拖着沉重的步伐缓慢地前进。阳光很刺眼也很强烈，干燥的风沙到处乱刮，而尘缘大师和弟子们口渴难耐。

水是尘缘大师他们穿越沙漠的信心和希望，甚至是苦苦搜寻的求生目标。这时候，尘缘大师从腰间拿出一只水壶。说：“这里还有一壶水。但穿过沙漠前，谁也不能喝。”

那水壶从随行的和尚们手里依次传递开来，沉沉的。一种充满生机的幸福和喜悦在每个弟子濒临绝望的脸上弥漫开来。

终于，这群人一步步挣脱了死亡线，走出了沙漠。当他们激动得要哭的时候，突然想到了那壶给了他们精神和信念以支撑的水。

尘缘大师拧开壶盖，缓缓倒出的却是满满的一壶沙。

尘缘大师对弟子们说道：“在沙漠里，干枯的沙子有时候就是一壶水——只要你的心里驻扎着拥有清泉的信念。”

这个世界上，没有人能够使你倒下，如果你自己的信念还站立的话。信念是力量的源泉，是胜利的基石。信念在人的精神世界里是挑大梁的支柱，没有它，一个人的精神大厦就极有可能会坍塌下来。因此，我们应该在心中时刻保存一份信念，活在信念之中，这样我们才会在困境中保持斗志，才会活得乐观、潇洒。记住，任何时候，当你想放弃的时候，告诉自己：“不要怕，路就在前方！”

二、职场，一念天堂一念地狱

我们每个人每天都背负着很多的压力，不仅来自于自身也来自于社会，其中，工作的压力使得很多人喘不过气来，上班族朝九晚五，很多人挤公交地铁，住平房小屋，吃快餐盒饭，还有做不完的工作任务和领导压力。所以，现在很多上班族都在抱怨压力大，幸福很低。星云法师认为，人生的价值、意义就是坚强，就是与压力奋斗，把压力、障碍、烦恼打败，自己活得逍遥自在，“身在闹市却心在田野”。不仅自己逍遥自在，也成为一个出类拔萃的社会人才，基本上也是一种修行，也是一种伟大。

烦恼还是快乐？压力还是动力？天堂还是地狱？其实只在你的一念之间，前念迷则烦恼，后念悟则快乐。天堂和地狱其实都在人间，在我们每个人心中，看你怎么选择。

有一个弟子打坐之时，总觉得有一只五彩斑斓的蜘蛛在自己身上爬来爬去，他常常被惊吓的无法入定，于是他便将这件事告诉了他的师父——一位老禅师。

老禅师递给他一支笔，说：“下一次这只蜘蛛再出现时，你把它出现的位置画下来，这样才可以知道它从何而来，才能想办法驱逐。”

当这名弟子再次打坐时，蜘蛛又出现了，他标下蜘蛛的位置，急匆匆地找到这名禅师。

老禅师指着弟子画的圈，问道：“难道你还不知道它从何而来？”

弟子低头一看，只见这个圈正画在自己心的位置。

五彩蜘蛛不在别处，只在自己内心的妄想，因而由心所生。佛经上说，“心静则国土净”，心中明净，则处处是净土；心中有碍，则处处是炼狱。

工作可以很忙碌，但是我们要怀有一颗宁静的心态。在忙碌的世俗生活中，保持一颗平常心，将忙碌的劳累与不快沉淀到心底，并用岁月将其风干成一种曾经奋斗的记忆，这才是在工作中获得快乐的方法。

每个人都是社会运转中不可或缺的一部分，在自己的岗位做好应做的工作。但是，工作并非只是一份工作，更多的它是一份事业，是一种兴趣，需要带着激情去做。

美国石油大王洛克菲勒由衷地热爱自己的事业，他曾经这样说：“我永远也忘不了我做的第一份工作——记录员的经历。那时，我虽然每天天刚蒙蒙亮就得去上班，而办公室里点的灯又很昏暗，但是那份工作从来未让我感到枯燥乏味，反而很令我着迷喜欢，连办公室里的一切繁文缛节都不会让我对它失去热心。而结果是雇主总在不断地为我加薪。”他还说：“我从未尝试过失业的滋味，这并非我的运气好，而在于我从不把工作视为毫无乐趣的苦役，我能从工作中找到无限的快乐。”洛克菲勒在给儿子的信中，也这样说道：“如果你视工作为一种乐趣，人生就是天堂；如果你视工作为一种义务，人生就是地狱。”

人生就像登山，登到山顶固然兴奋，但是沿途美丽的风景将会带来更多身心的愉悦。如果只是为了达到目的而努力，那就会错过努力中所收获的体验。所以，行走在职场的人们，在你累的时候别忘了看看周围风景，说不定你会发现一道亮丽的风景线。

在工作中我们经常遇到各种棘手的问题，不同人处理方法不同获得的结果自然也就不同。在很多问题上，如果总是耿耿于怀，过于苛求自己和别人，那么只会让大家都感觉很累。

小和尚走到惠能大师面前，问了一个问题："师父，为什么东西总是没过多久就弄乱了呢？"

惠能大师于是问道："徒儿，你说的这个'乱'字具体指什么？"

小和尚说道："东西没有归位，没有摆放整齐。看看我的寝室，东西都没在一定的位置，这不叫乱叫什么？昨天晚上我花了许多工夫才把它重新摆整齐，不过保持不了多久，所以我说东西很容易便弄乱了。"

惠能大师听完就问他徒弟："你所谓的整齐是什么呢？摆给我看看。"

于是，小和尚便开始动手整理自己的寝室，把屋里的东西都归位，然后说道："请看，现在它不是整齐了吗？可是它没法保持多久。"

惠能大师继续问他徒弟："如果我把你的床往这边移一两寸，你觉得怎么样呢？"

小和尚回答说："不好，那样两边就不对称了，最好让两侧的空余地面一样多。"

随后，惠能大师又问道："如果我把你的脸盆从这儿拿走呢？""那地面又不整齐了。"小和尚答道。

"如果我把茶几上那本书打开呢？"惠能大师继续问道。

"那也叫做乱。"小和尚再回答道。

惠能大师这时微笑而又慈祥地对小和尚说："徒儿，不是东西很容易弄乱，而是你心里对于乱的定义太多了，但对于整齐的定义却只有一个。"

平日凡事不必太认真，过分苛求，只会苦了自己。人海茫茫，前进的道路曲折、艰辛而又错综复杂，许多非原则的事情不必过分纠缠计较。凡事太认真较劲只会给自己多出许多麻烦与烦恼。没有开阔的眼界，不能心平气和地看问题，就会陷入某种心结，陷入狭隘昏暗之中，而郁郁不可终日，退一步海阔天空，忍一时风平浪静，一切便没有那么纷乱烦恼了。莫为功名利禄愁坏身，却存娴静淡泊心，一念天堂一念地狱。

现代人特别是上班族常常处于一种紧张和焦灼的状态，飘在空中的一种浮躁的心境。诸葛亮曾说"非宁静而无以致远"，只有保有一颗恬静愉悦的心，开放胸襟，才能让自己沉淀下来，不急功近利，不羡慕锦衣玉食，不羡慕豪宅香车。这些都是身外之物，如果有了期盼之心而求不得，那么只能增加生命的负担，只能增添内心的不平与怨恨，让自己整天郁郁寡欢，唉声叹气，失去生活信心。

拥有一颗平常心，一颗宁静的心，这是一种气质，一种修养，一种境界。安之如素，沉默从容，不要轻易地起心动念，不要随意地乱发脾气，这样才能达到“心静则万物莫不自得”的境界，这也是老子所言的“上善若水”的境界，随着事物的变化而变化，不苛求，不刻意，不放弃，往往会达到意想不到的结果。“宠辱不惊，看庭前花开花落；去留无意，望天空云卷云舒”，没有奢望就没有失望，没有得意就没有失意。失落是一种心理失衡，自然要靠失落的精神现象来调节；失意是一种心理倾斜，是失落的情绪化与深刻化；失志则是一种心理失败，是彻底的颓废，是失落、失意的终极表现。而要克服这种失落、失意、失志就不要为眼前一时的宠辱得失和是非成败而动心，保持一颗不动心，这样才可能心境平和、淡泊自然，得之不喜、失之不忧。

三、认清自己，怀揣梦想

古希腊哲学家苏格拉底的名言“认识你自己”是希腊德尔斐神庙门楣上的铭言，一个人首先要对自己有一个全面深入的认识，知道自己的长处和短处，不断地提高和调整自己，才能在生活、工作、社会中更好的定位自己，认清了自己所处的位置，才能更好地认识周围的人和事，才能更好地通过自己的过去定位现在、预知未来，才能明白自身的价值所在，充满自信。

曾子说：“吾日三省吾身，为人谋而不忠乎？与朋友交而不信乎？传不习乎？”人每天都要面对世道纷纭，熙熙攘攘，心为外利所动，几乎失去真我；物欲横流，乃至人心不古；求诸外欲，而忽略了内心的诚信。如何对待浊世横流？人应在人世间寻求与他人的契合，在求诸他人之时首先求诸自身，我是否做到了每天用三件事反省自己：替人谋事有没有不尽心尽力的地方？与朋友交往是不是有不诚信之处？师长的传授有没有复习？这“三省”说了两个方面，一是修己，一是对人。对人要诚信，不欺人也不欺己。替人谋事要尽心，尽心才能不苟且，不敷衍，这是为人的基本德性。修己要循序渐进，不能一时一事，修己要贯穿整个人生，要时时温习旧经验，求取新知识，然后以此感化世人，引导世人。

但是很多人在生活中往往没有很好地认清自己，从而贬低自己的价值，逐渐地也被别人看轻。没有自信就什么事都做不成，没有自信就会丧失自我的尊严，没有自信就会终日郁郁寡欢。

有一匹小马，胆小怕事，在动物世界中没有它不害怕的，从狮子、老虎到小狗、小猫。于是，他成了受气包，谁都敢欺负它。

一天，小马独自在野外啃着青草，突然间，一只老虎向它扑过来。小马虽然吓得浑身发抖，出于本能，它还是用蹄子踢了这个庞然大物。也许老虎太饿了，它在不小心的情况下被踢倒后，竟然倒地不起。小马惊呆了，它怎么也没想到会是这个结局。

消息一下子在动物世界传开了。大家都来到小马身边，用敬佩的眼神看着它："能打败大老虎，真是个英雄。"小马环顾周围的动物们，又壮起胆子看着躺倒在地上的老虎，这才相信自己真的不简单。

从那以后，小马对自己有了自信。

小马由于缺乏自信，所以常掉入自卑的深渊中。导致一种自我认同的否定，自我能力的否定。因此，自卑的人有必要变换一下对自信理解的角度，"相信自己会成功"也会使别人对你产生信任和好感。对自己没有正确的认识，不相信自己有力量，就更不可能赢得别人的信任与尊重。自信，使不可能成为可能，使可能成为现实，不自信却使本来可能的事变为不可能。

有一天，一位禅师为了启发他的徒弟，给他的徒弟一块石头，叫他去蔬菜市场，并且试着卖掉它。这块石头很大，很美丽，但是师父说："不要卖掉它，只是试着卖掉它。注意观察，多问一些人，然后只要告诉我在蔬菜市场它能卖多少钱。"徒弟去了。在蔬菜市场，许多人看着石头想：它可做很好的小摆件，我们的孩子可以玩，或者我们可以把它当做称菜用的秤砣。于是他们出了价，但只不过几个小硬币。徒弟回来告诉师父说：“它最多只能卖几个硬币。”

师父说：“现在你去黄金市场，问问那儿的人它值多少钱。”从黄金市场回来，这个徒弟很高兴，说：“这些人太棒了，他们乐意出到1000元钱。”

师父说：“现在你去珠宝商那儿看看。”他去了珠宝商那儿。他简直不敢相信，他们竟然乐意出5万元钱，他不愿意卖，他们继续抬高价格——他们出到了10万元。但是徒弟说：“我不打算卖掉它。”他们说：“我们出20万元、30万元，或者你要多少就多少，只要你卖！”徒弟说：“我不能卖，我只是问问价。”他不能相信：“这些人疯了！”他自己觉得蔬菜市场的价已经足够了。

他回来，师父拿回石头说：“我们不打算卖掉它，不过现在你明白了，这个要看你是不是有试金石、理解力。”

一块普通的石头，如果定位只是在蔬菜市场那就是蔬菜的价格，如果拿到珠宝市场那就是珠宝的价格。如果你生活在蔬菜市场，那么你只有那个市场的理解力，你就永远不会认识到更高的价值。人也是这样，如果你认为自己只能做好这件事，那么你永远只有做好这件事的能力，当你尝试者通过努力把其他事情做好时，就会发现你的能力不仅局限于这件事，久而久之会发现能做好的事情很多，从而对自己充满自信，并且在各方面都有很大的提升。但是，有些事情可能进展得并不顺利，或者面临失败，这个时候更需要自信心，不要畏惧眼前的困难，相信自己一定能做成，把不可能的事情变成可能，奇迹就会出现。

范仲淹小时候有一次去算命，看到一位算命先生，就问：“你帮我看一看，我能不能当宰相？”算命先生说：“小小年纪，为何口气这么大？”范仲淹有些不好意思：“不然，你再看看，我能不能当医生？”算命先生纳闷，为何志愿如此悬殊，就问：“你为什么选择这两个志愿？”范仲淹答：“因为只有良相跟良医可以救人。”算命先生听后很感动，就说：“你有这样一颗心，乃真正宰相之心，所以你以后一定可以当宰相。”

爱默生说“自信是成功的秘诀”，自信能够产生一种巨大的力量，他能推动我们走向成功，非常著名的一个事例就是世界吉尼斯汽车销售冠军乔·吉拉德，他连续12年荣登世界吉尼斯纪录大全世界销售第一的宝座。三十五岁以前，他是个全盘的失败者，他患有相当严重的口吃，换过四十个工作仍一事无成，甚至曾经当过小偷，开过赌场；然而，谁能想象得到，他竟然能够在短短三年内爬到世界第一，并被吉尼斯世界纪录称为“世界上最伟大的推销员”。他是怎样做到的呢？虚心学习、努力执着、注重服务与真诚分享是四个最重要的成功关键。反观自身，如果你的出身比乔·吉拉德强，没有偷过东西，如果你不口吃，那你没有理由不成功，除非你对自己没有信心，除非你真的没有想要成功的愿望。

唯有正确地认识自己，提升自我形象，才有可能让沉睡的能量醒来，才有可能创造一份完全不同的美好生活。现在仍在彷徨、失落、焦虑的人们，是时候为自己的未来打开一扇窗了，当你勇敢地打开一扇窗就会发现眼前是无限美好的风光，只有打开这扇窗窗外的阳光才能照进来。人生不能没有梦想，人都希望自己可以美梦成真，一个人只要发愿就不怕不成功。俗话说：“行道要如水，立志要如山。不如水，不能曲达，不如山，不能坚定。”如水，无论遇到怎样的艰难险阻都能灵动变通的绕过；如山，无论遇到怎样的挫折失败都有屹立不倒的信心。

星云大师也十分重视自信和梦想的力量，认为一个人要有信心，有抱负，有理想，这样就不会为眼前的辛苦劳累、悲喜得失所困扰，生活自然也就增添了很多乐趣，生活也就会怀有积极的态度。佛教提倡众生平等，但是星云大师认为根据一个人对理想的态度，也可以分为上根、中根和下根三个等级。“上根的人将人生理想奉为做事的原则，为理想而辛苦工作，甚至奉献牺牲；中根的人认为理想过于虚幻，因而更愿意凭经验踏踏实实做事，而很少会提前为自己设立某种目标；下根的人，凭需要而生活，所以只会为了自己的需要而努力生活，只讲需要而不谈理想和经验，就如凭本能生活的其他动物一般。”

人生是一次旅行，我们不知道未知的前方将会怎样，会有平坦的大道也会有荆棘的小路，会有阳光雨露也会有风雨雷电，但是无论前方是什么我们只能满怀信心勇敢前行，因为人生就像时针只能不停地往前走，不能回头，不能后悔。人生就像弈棋，一招走错满盘皆输；但是人生还不如弈棋，因为你不能悔棋。所以，人生更需要我们拥有自信，怀揣梦想，不被眼前的困难所吓倒。

一个人没有梦想就没有自信，没有自信就没有未来。“梦想”两字说来简单，但是对有些人来说却是奢侈品。美国哲人罗伯特曾经说过：“很难说世上有什么做不了的事，因为昨天的梦想可以是今天的希望，还可以是明天的现实。”理想是每个人生命中不可或缺的部分，没有泪水的人，他的眼睛是干涸的；没有梦想的人，他的世界是黑暗的。一个人最大的悲哀就是没有梦想，希望每一个人都可以播种一颗梦想的种子，怀揣理想，人生可以轻舞飞扬；心有多大，舞台就有多大。

第九讲 情不重 不生娑婆——慈爱博义性格的养成

一、问世间，情为何物

佛教把我们生活的世界称之为娑婆世界，也叫有情世界；把生活在这个世界上的有感情和意识活动的生物，称为有情众生，把没有感情和意识活动的事物称为无情众生。

即为有情众生就与“情”字有割不断、理还乱的联系，有情感的活动、心理的感受，并达到精神的共鸣就会生出“爱意”。什么是“爱”？《阿毗达摩发智论》卷一对爱的定义是：对“净妙可意”的人、事物的爱好、喜欢、悦意、追求。汉译佛典中译为“爱”的梵语、巴利语原词，有好几个，含义各有不同。

《大毗婆沙论》卷二九：爱有二种：一染污，谓贪；二不染污，谓信。

染污之爱，指与无明、烦恼相应，有执着，与占有欲相联系的贪爱、性爱、欲爱、爱的执着皆属此类。此类爱被归于心所法中的根本烦恼“贪”，贪等烦恼也统称为爱。

无染污之爱，称“爱敬”或“敬爱”，指对佛陀、真理、师长、父母、崇高理想的热爱、敬爱，此类爱被归于善心所之首“信”。《俱舍论》卷四解释：“无染谓信，如爱师长等。”《中阿含经》卷二六《狮子吼经》佛言：爱敬同道，恭恪奉事者，正是第一。

大乘《大般涅槃经》卷五：爱为凡夫爱、法爱或饿鬼爱、法爱两大类。爱有二种：一饿鬼爱，二者法爱。真解脱者离饿鬼爱，怜悯众生故有法爱，如是法爱，即真解脱。

凡夫爱、饿鬼爱，指与烦恼相联系的爱，相当于有染污爱；法爱指对佛法僧、善法、真理、涅槃等的喜爱及佛对众生的大慈大悲。经中常说“乐法、爱法、敬法、喜法”，即指法爱。与法爱之爱联结的词如“爱法”、“爱敬”、“爱语”、“爱惜”、“仁爱”、“慈爱”、“爱护”等，皆为褒义。

人类两性之间的爱、爱情或爱欲，以性爱为基础，与性欲紧密相连。《楞严经》中也说，父母子女夫妻的关系，本质上就是“汝负我命，我还汝债”，是生生世世的纠缠，没完没了。就像饿鬼一样，饿鬼永远要吃、要喝，却永远吃不饱，永远在饥渴之中。那种永远满足不了的贪欲，永远放不下的贪执，就叫“饿鬼爱”。凡世间的男男女女很多也被这求不得、离不开的爱欲所折磨。当然男女之间的情爱表现形式并非只有欲爱一种，也存有非染污爱之成分，许多诗歌般的纯粹爱情也为世人所传颂。

现代爱情更多表现为一种占有的关系，人本主义心理学大师罗杰斯指出：通常所说“我爱你”这句话的背后，其实是“我需要你，我要占有你，你必须爱我……”，虽然在说爱，这爱实在是一种暴力。由于现代社会发展给人们带来的不安全感日益加深和社会道德伦理观念的混乱，使得人们的占有欲望愈加的强烈，欲望越强烈痛苦自然随之而来。如何摆脱痛苦？就要学会从自我的小爱，上升到佛教所言的大爱，即慈悲。佛教对于众生以慈悲为怀，推崇慈悲精神。慈悲也是菩萨对众生的爱，那么什么是慈悲，怎么做才是慈悲？

“慈”是慈爱众生，给予快乐，“悲”是悲悯众生，拔除痛苦，二者合称为慈悲。简言之，慈悲就是“与乐拔苦”。佛教认为，慈从悲来，悲必为慈。“悲”原意为痛苦，由痛苦而生悲情。一个人深刻感受到自身的痛苦，也就能对他人的痛苦感同身受，产生悲情，自然地、由衷地衍生出对他人的友情，并扩展为对一切众生的普遍的平等的慈爱。慈与悲相辅相成，缺一不可。

佛教还把慈悲层次化，分为小慈悲、中慈悲和大慈悲三个层次。《大智度论》卷第二十七云：大慈与一切众生乐，大悲拔一切众生苦；大慈以喜乐因缘与众生，大悲以离苦因缘与众生。……小悲者，观众生种种身苦、心苦，怜悯而已，不能令脱。大慈者，令众生得乐，亦与乐事；大悲怜悯众生苦，亦能令脱苦。菩萨都有大悲愿，慈悲济世，救度众生，不度尽众生，誓不证菩提，不成佛道。

佛教讲的慈悲主要是针对有情众生而言，用星云法师的话来说就是：“对世间要救苦救难，对他人要感恩戴德，对亲人要共荣共有，对社会要甘于奉献。”就是给对方欢喜、快乐、幸福、方便，使对方感到我们富有人情味，感受到快乐。

常人有时也能行慈悲，但是往往如朝露照日，只是一时兴起而行慈悲；诸佛菩萨的慈悲像源源不断的活水，累劫累世度众不倦，这就是永恒的慈悲。地藏菩萨的“地狱不空，誓不成佛”，是永恒的慈悲。观世音菩萨的“千处祈求千处应，苦海常作度人舟”，也是永恒的慈悲。中国有一句话说“仁者无敌”，用佛教的话来说，就是慈悲没有对手，慈悲可以克服一切的磨难。什么是佛的心？能够流露出慈悲喜舍的心者，就是佛的心。有了慈悲喜舍的四无量心，就是等同诸佛如来的佛心。众生迷了的时候叫做爱情，觉悟了就叫慈悲。佛菩萨这个爱心叫做慈悲，是永恒不变的，它是理性的，它是心性、真理自然地流露。

世间万物芸芸众生都生活在一张巨大的情网之中，有许许多多的感情，如父母之情、夫妻之情、手足之情、师生之情、朋友之情、同事之情等，这些情都离不开一个“缘”字：夫妻是缘，有善缘，有恶缘，无缘不聚；儿女是债，有讨债，有还债，无债不来。不论是善缘、恶缘还是讨债、还债，皆因情缘因果所聚，请随缘善待。要想解脱人生的苦难、家庭的烦恼，应勤修戒定慧，熄灭贪嗔痴，坚信三世因果，诸恶莫作，众善奉行。一生慈悲为怀，善待家人亲属，善待一切众生，善待世间的万事万物。

二、情不重，不生娑婆

在这许许多多的情缘中，男女之间的感情可以说是最困扰众生的。人是有情众生，所以会有七情六欲，有了七情六欲就会有痛苦烦恼。感情是人生活中最重要的一部分，感情赋予人全新的意义，美好的感情可以改变丑恶、改变人性，改变社会，唤起人内心最美好的东西。但是，感情的世界并非只存美好，它是一把双刃剑，在让人愉悦的同时，也会带来伤害和困扰，以至于令人沉迷其中而不能自拔，某种感情一旦浓到了极点必定会物极必反。

孔子在《礼记》中讲："饮食男女，人之大欲存焉。"换言之，凡是人活着就离不开两件大事：饮食、男女。一个生活的问题，一个性的问题。所谓饮食，等于民生问题、男女属于康乐问题，人生离不开这两件事。七情六欲也是人之常情，人们因此而生出了爱与恨、悲与苦，这些情愫成为芸芸众生纠结和痛苦的根源。佛教常说"情不生，不生娑婆"，若无世间爱念者，则无忧苦尘劳患。一切忧苦消灭尽，犹如莲花不着水。众生无数，轮回无边，如蚁轮回，无有穷尽。众生贪爱，无明障闭，如陷泥中，而不能出。

可见六道轮回根本的原因是什么？那就是情执，佛教认为情就是智慧，觉悟了它是智慧，迷了的时候它是情。佛常讲"烦恼即菩提"，觉悟的时候烦恼是菩提，迷了的时候菩提是烦恼。"前念迷即众生，后念悟即佛"，当迷惑在情执里不能自拔时，那就是众生；一旦觉悟之后，所有一切的烦恼就变成了智慧，仅仅一念之间。所以当我们在谈到情爱的时候，自己一定要明白什么是情爱，真正的情爱是佛和菩萨的慈悲之情，这是不变的，永恒的。世间之爱，更多的不过是过眼烟云，缘起缘灭，聚散离合，这里面生出来的情与爱是短暂的，是很容易变化的，人们也总会因为执着于这短暂和情爱而生出魔障，从而生出悲伤和痛苦。

传说灵隐寺房檐上，有一只不知织了几千年网的蜘蛛，有一天，佛对蜘蛛说："人生最珍贵的是什么？"蜘蛛说："是未得到。"佛说："你再想想。"说完便走了。又过了一千年，佛又来问蜘蛛："人生最珍贵的是什么？"蜘蛛还是说："未得到。"忽一日，一阵大风把一滴露珠吹到了蜘蛛的网上，蜘蛛见到露珠晶莹剔透，很是喜欢，蜘蛛每天看着它，觉得这几天才是最快乐的。但是突然有一天，一阵大风把露珠吹走了，蜘蛛不禁难过了一阵子。佛又问蜘蛛："人生是最珍贵的是什么？"蜘蛛说："是未得到和已失去！"佛说："既然你仍然认为是未得到与已失去，那你就到人间走一趟吧！"于是，蜘蛛投胎到了一个官宦之家，成了富家小姐，父母给她起了名字叫珠儿。一晃过了16年，珠儿已成长婀娜多姿的少女。这一年，皇上为新科状元甘露在后花园开庆功宴，甘露在席间作诗吟词，大展才华，在场少女均被甘露所迷倒，其中也有皇上最小的公主，长风公主，珠儿却波澜不惊，因为她知道这是上天的安排，注定甘露是她的。

过了几天，珠儿陪同母亲去庙里上香，碰巧遇到了甘露也陪同母亲上香，俩人的母亲不久就攀谈上了，珠儿和甘露也走到走廊上聊天，在谈话中，珠儿丝毫感受不到甘露对自己的喜爱，不禁问道："难道你忘了16年前灵隐寺的蜘蛛了吗？"甘露诧异地看着珠儿，说："你美丽可爱，很讨人喜欢，但未免想象太过丰富了吧？"说完，便挽着母亲离开了，珠儿百思不得其解，为什么上天安排了这场姻缘，却又让他不记得自己。又过了几天，皇帝赐婚将珠儿许配与芝草王子，珠儿真的绝望了，茶饭不思，身体日益衰弱，失去了对生命的渴望，就要回天乏术了，芝草王子听说后，跑到珠儿的床前说："那日在后花园，我对你一见钟情，我苦苦哀求父皇，才得到了赐婚，如果你死了，我也活不下去了。"说完便要拔剑自尽，这时，佛又出现了，佛对着灵魂出窍的珠儿说："那日，你遇见了露珠，你有没有想过，是什么把露珠带到你面前，是风，露珠只是你生命中的插曲，最后又被大风带走了，甘露终是属于长风公主的。而芝草就是三千年前长在灵隐寺门前的那枝草，它看了你三千年，爱慕了你三千年，可你从没低头看过它一眼，蜘蛛，我再问你：'人生最珍贵的是什么？'"珠儿似乎一瞬间恍然大悟："人生最珍贵的不是未得到和已失去，而是正在把握的幸福。"佛听完便消失不见了，珠儿出窍的灵魂也回到了身体里，睁开眼睛看到正要自尽的芝草王子，她急忙打掉了短剑，和芝草紧紧相拥。

正如珠儿所言："人生最珍贵的不是未得到和已失去，而是正在把握的幸福。"人们往往只会关注未得到的和已失去的，沉迷在求不得苦之中，整天在畅想没有获得的美好，在惋惜已经失去的过往，常常会忘了最为珍贵的当下的幸福。当面对各种各样的感情时，奢求的越多带来的痛苦也会越多。人来到世界上一开始无忧无虑，一颗小小的糖果就可以让你开怀，一件小小的事情就可以让你得到满足，所以快乐也非常多。但是随着成长，我们的欲望越来越多，我们想要的越来越多，一旦得不到便会滋生烦恼，游离在得到与得不到、获得与失去之间，苦苦挣扎在这纷繁的尘世，已经忘了自己是否快乐。所以要学会儒家所说的“中庸”之道，适可而止，过犹不及，就不至于过分的执着而迷失了方向，把自己弄得心力交瘁。真正的爱情即使在最浓烈的时候，也不会失去理智，感情合理恰当的表达才能使爱情细水长流，如果爱的太过分，乱了分寸，失了方向，那么最后不知道应该怎样去爱对方，这样的爱情只会带来无尽的痛苦和烦恼。

如何对待感情才能获得幸福呢？

一要用智慧来领导感情。有位哲学家说：“用感情生活的人，生命是悲剧；用思想生活的人，生命是喜剧。”短暂冲动的感情令人盲目，一味滥用的感情不能长久。所以人要经常自我反省：应该这样爱吗？有动之以情吗？爱得正当吗？唯有智慧领导的感情，才不致出差错。

二要用正派来净化感情。情感得当，可以成就美事；用情逾矩，则可致偏邪。正派的感情，光明善良，引导人不断上进；邪恶的感情，或嫉妒，或利用，只以自己的利益为出发点，掺杂爱恨情仇的情绪，恐怕就要招致祸害的发生了。因此，用正派来净化感情，你为人处世具有廉明公正之情，即使身处泥淖中，也会是一朵清净的莲花。

三要用无私来奉献感情。许多恋爱中的男女到最后感情上出了问题，为什么？原因就在于自私。或者一心想要占有对方，或者对方所作所为不如己意，就生气愤怒，甚至做出泯灭天良的行为。若能出于无私、奉献，不是占有，不是欺骗，我为你好，你为我好，不计较、不比较，彼此信任的感情才走得长远，才显得高贵。

四要用慈悲来升华感情。感情就是爱，爱往往有所局限，因此要用慈悲来升华感情。学习把对一个人的爱延伸到对家庭的爱，由对家庭的爱推及到对社会的爱，由对社会的爱扩大为对全人类的爱。将爱扩而大之，从小我升华为大我，就是一种慈悲。

人生如何才能获得幸福呢？要以责人之心责己，以爱己之心爱人，不怨天尤人，必能为大众所爱戴，为社会所接纳。世间的痛苦和快乐不操控在别人的手里，而掌握在我们自己的手中，我们是自己的幸福的决定者。我们若以爱心来看世界，那么这个世界到处充满了爱；我们若以愤懑的眼光来看世界，那么这个世界就是个怒火焚烧的地狱。因此古人说："祸福无门，唯人自招。"

三、婚姻是你手中最美丽的花

爱情需要蒙上一点点忧伤，带有一点点猜忌和犹豫，这样的爱情才有意思；而婚姻需要的则是一点点忍让，带有一点点相依和相知，这样的婚姻才能长久。婚姻是一份承诺、一份责任，夫妻之间应该相互关爱，相互信任，相互了解，相互包容，要像光一样照耀对方，像火一样温暖对方。无论中国还是西方，在历史的长河中，人们都在不停地追问，什么是爱情？什么是婚姻？什么是幸福？对于人世间真善美的追求也催促着人们在不停地追求心目中美好的爱情和幸福的婚姻。西方两位著名的哲学家苏格拉底和柏拉图也曾经追问过这一永恒的问题，成为对爱情、婚姻和幸福非常著名的解读。

有一天，柏拉图问苏格拉底："什么是爱情？"

苏格拉底说："请你穿越这片麦田，去摘一株最大最金黄的麦穗回来，但是有个规则：你不能走回头路，而且你只能摘一次。"

于是柏拉图去做了。许久之后，他却空着双手回来了。

苏格拉底问他："怎么空手回来了？"

柏拉图说道："当我走在田间的时候，曾看到过几株特别大特别灿烂的麦穗，可是，我总想着前面也许会有更大更好的，于是就没有摘；但是，我继续走的时候，看到的麦穗，总觉得还不如先前看到的好，所以我最后什么都没有摘到。"

苏格拉底意味深长地说："这，就是爱情。"

又一天，柏拉图问苏格拉底："什么是婚姻？"

苏格拉底说："请你穿越这片树林，去砍一棵最粗最结实的树回来好放在屋里做圣诞树，但是有个规则：你不能走回头路，而且你只能砍一次。"

于是柏拉图去做了。许久之后，他带了一棵并不算最高大粗壮却也不算赖的树回来了。

苏格拉底问他："怎么只砍了这样一棵树回来？"

柏拉图说道："当我穿越树林的时候，看到过几棵非常好的树，这次，我吸取了上次摘麦穗的教训，看到这棵树还不错，就选它了，我怕我不选它，就又会错过了砍树的机会而空手而归，尽管它并不是我碰见的最棒的一棵。"

这时，苏格拉底意味深长地说："这，就是婚姻。"

还有一次，柏拉图问苏格拉底："什么是幸福？"

苏格拉底说："请你穿越这片田野，去摘一朵最美丽的花，但是有个规则：你不能走回头路，而且你只能摘一次。"

于是柏拉图去做了。许久之后，他捧着一朵比较美丽的花回来了。

苏格拉底问他："这就是最美丽的花了？"

柏拉图说道："当我穿越田野的时候，我看到了这朵美丽的花，我就摘下了它，并认定了它是最美丽的，而且，当我后来又看见很多很美丽的花的时候，我依然坚持着我这朵最美的信念而不再动摇，所以我把最美丽的花摘来了。"

这时，苏格拉底意味深长地说："这，就是幸福。"

婚姻是你手中最美丽的花，当你决定摘下她的那一刻起，无论再看见多少花，都依然认定这朵花就是最美丽的。人的欲望是无限的，这种充斥着荷尔蒙冲动的生理本能是人欲望的最充分表现，人总是在不断地追求更美好的事物，希望得到最大的满足，感情建立基础薄弱，不稳定，很容易发生变化。而婚姻欲望就像一颗萌芽栽在我们心中，外界的诱惑就像是琼浆玉酿，不停地在拨弄小小的萌芽，如果不能很好地控制和抑制心中的欲望，很有可能会误入歧途，自食其果。

现代心理学、医学研究发现，爱情与人的身心健康关系至大，能促进性激素的分泌，能减轻压力、焦躁，提高免疫力，化解矛盾，增加生活乐趣，有益身心健康。生活在婚姻美满、夫妻和睦的家庭中的人，患癌症的概率要比生活在婚姻不幸或暴力家庭中的人至少要低50%，爱情不幸福的人患心脏病的可能性要比爱情生活幸福的人高出10倍，缺乏爱情的人比起有美好爱情的同龄人，患抑郁症、失眠等心理疾病的危险，起码要大50%。夫妻不和、经常争吵，互相嫌弃敌视，体内会分泌出有害物质，丈夫易患高血压、溃疡病或冠心病，妻子易患食道癌、乳腺癌等疾病。日本学者调查发现：离婚者比有美满婚姻生活的人平均寿命要短，男的平均短12岁，女的平均短5岁。缺乏爱情和性激素者，容易性情异常，表现出执拗、猜忌、阴险等病态人格。弗洛伊德曾经指出：爱情与工作是成熟和人格健康的首要标志，丧失爱的能力，或对如何发展爱情一筹莫展，已被公认为是人格的健康发展受阻的表现。

那么在婚姻中夫妻双方应该如何相处？如何经营幸福的家庭生活既是一种考验也是一门技艺，既是一门技艺那么就需要学习和实践。

佛教对人间夫妻的爱情、婚姻，并非一味否定。《杂阿含经》卷三六佛谓："贞祥贤良妻，居家善知识。"《别译杂阿含经》卷十二佛称"妻为最亲友"，说夫妻应"异体同心"。佛陀并非劝所有的人出家断爱，而是教导善生、玉耶女等在家弟子恪尽人道。《给孤长者女得度因缘经》说长者女善无独要求出家，佛陀不许，令她嫁给信奉外道的牛授童子，感化夫家多人令入正道。大乘《惟日杂难经》一方面说"有妇不得佛道"，教诫菩萨"见妻子当如见冤家，意莫随贪爱"，一方面又说菩萨若具四种因缘，也可娶妻结婚：一者"宿命同福"，享受前世共同创造的福报；二者"毕罪"，即来偿还前世的罪恶和宿债；三者"应当共生男女"，有共同生子女的业报；四者"黠人娶妇疾得道"，有智慧者的婚姻是快速得道的助缘。

对于夫妻之间的伦理法则，佛陀颇有开示。《增一阿含经》卷五十佛陀教人应"贞廉自守，一妻一妇，慈心不怒"，主张一夫一妻制。佛教戒律以"不邪淫"为在家佛教徒必守的五戒之三，不邪淫，用现代汉语来讲即不发生不正当的性关系，具体指不侵犯属于他人、为他人所护（未成年男女）的异性，不非时（经期、孕期等）、非处（男女性器之外的地方及寺庙、公众场所等处）交合。《长阿含经·善生经》中佛教导青年善生：尽到夫妻之间的伦理责任，为每天应礼拜的六方之一。丈夫应“敬妻”、“怜念妻子”，妻子应“爱念夫主”、“重爱敬夫”、“恭敬于夫”。

为人之夫，当以五事“爱敬”其妻：①“怜爱”，爱妻子。②“不轻慢”，尊重对方。③供给衣物化妆品。④“委付家事”。⑤“念妻亲亲”，善待妻子的亲属。

为人之妻，则以五事“敬顺”其夫：①爱敬关怀。②备设衣食，照顾好丈夫的生活。③“和言实语”。④善体人意。⑤“善摄眷属”，善于教育子女，尊长敬老，和睦家庭。《玉耶女经》中，佛教导少妇玉耶：为人妻妇，应做爱夫如母爱子的“母妇”、如妹事兄的“妹妇”、如良朋益友的“知识妇”，或孝敬公婆、善于持家的“妇妇”、服侍夫婿如婢事主的“婢妇”，不做“怨家妇”、“夺命妇”。

爱情心理学家斯腾柏格认为，热情、亲密、承诺三因齐备合一者为完美的爱情，互相温存、信任，平淡而深厚的“伴侣式爱情”或“友谊式爱情”，是最为合理、牢靠的爱情，这种爱情，正如佛所言“知识妇”（对男方应为“知识夫”）。王骧陆居士《婚姻之礼》说：夫妇之爱，有小爱大爱之别，小爱是一时形色，有时而衰，靠不住的。大爱是精神，以情意相交，处处体恤怜爱。即有不合处，大皆能原谅退让，遇着失误的事，勿彼此埋怨；遇着恼怒的事，双方先忍耐一下，过了一分钟，就忘记了。所谓不念旧恶，怨是用稀。各人的脾气，应先预告，切不可因爱而求其同我一样。做男的，勿使女子有怨意；做女的，务使男子得安慰，饮食起居井井有条，使男子自然向内不向外，感情自然一日好一日，意外的非礼也自然绝了。

当代弘扬人间佛教的大德们，都将教人们如何正确处理情爱、建设和谐家庭作为佛法的重要内容。如《星云日记》说：人间佛教对夫妻感情的看法是：只有爱，才能赢得爱；恨永远是得不到爱的。夫妻相处彼此要真诚，并要互相制造欢乐，好话不怕多讲，会讲好话，懂得赞美加上有幽默感的家庭，必定是和乐幸福的。夫妇和谐的诀窍，是彼此尊敬，尊重对方的自由，看轻自己的利害，不算旧账，不要计较，不要比较。做好丈夫的秘诀："吃饭要回家，身边少带钱，出门成双对，出门有去处。"做好太太的秘诀："温言慰辛劳，饮食有妙味，家庭像乐园，凡事要报告。"

爱是彼此内心的传递与交融，绝非一味地索取。当我们越发地去释放我们内心的爱的时候，我们就会收获别人更多的爱。曾经有位朋友问我："你一直说自利利他，那我们一直自利利他，别人不这样做我们怎么办呢？"我说："爱是相互的，当我们在利他的时候，其实已经在自利了；当我们在成就别人的时候，我们已经在自利了。"我们总是把自己和别人对立起来看待，认为对别人付出就是一种损失，就是失去什么，殊不知爱是相互的，当我们在传递着我们内心的爱的时候，我们也收获了别人的爱。别人的一个会心的微笑，一句体贴的感恩的话语都是对我们内心的回报，我们要用慈悲之心、仁爱之心去体贴我们身边的人和事物。

夫妻之道核心是爱，贵在包容和忍让，难在持之以恒，无论怎样都要相信自己最初的选择，相信对方就是自己手中最美的花，即使经历了风霜，曾经的花朵不再娇羞欲滴、明艳照人，但是唯有这一朵花是你精心栽培的，并且和你一起度过了风雨，所以要格外用心的呵护和经营。

第十讲 大无畏精神与性格生命的圆满

一、人之异于禽兽者——性格自觉

梁漱溟先生在《朝话：人生的醒悟》中谈道：“所谓对人类生命有了解是什么？就是了解人类生命当真是可悲悯的。因为人类生命是沿着动物的生命下来的；沿着动物的生命而来，则很近于一个动的机器，不用人摇而能自动的一个机器。机器是很可悲悯的，他完全不由自主。我之所谓可悲悯，就是不由他自主。很容易看见的是：我们活动久了就要疲劳睡觉，不吃饭就饿，很显著的像机器一样。其他好恶爱憎种种情欲，多半是不由自己。看这个贪，看那个爱，怠忽懒惰，自甘堕落，不知不觉的他就那样。照我所了解的，人能够管得住他自己的很少。假如好生气，管住不生气好难！他不知怎的念头就起了。更如好名、出风头等，有时自己也知道，好歹都明白，可是他管不了自己。”

我们每天的学习和工作就是一个对生命自我的开发，开发我们内在的觉知，这种觉知是不同于人的机械性的，或者是人的动物性。古希腊哲学家说：人是有理性的动物，这个理性说的就是我们内在心灵具有一种觉知，对我们所接触到的事实的反思，同时对我们每天的生活饮食起居有一种反思。于是我们知道如何更合理地去安排我们的生活，如何合理地控制我们的欲望。所以人的一点可贵性就在于这点自觉性，孟子说：“人之异于禽兽者几希。”我们与动物禽兽的区别是很小的，这就是说我们先天具有一种动物性，我想也可以理解为梁漱溟先生所谓的机械性。很多人每天的生活其实都是被自我的这种机械性所驱使着，主宰着，自我的独立性与自觉性完全丧失。我们可以说这样子的生命态度是不符合人的生命态度的，因为我们应该更多的发挥我们生命中的那些非动物性的品质，不断提升一个人之所以为人的特质，这就是对我们生命的教育与开发。

朱熹有一句诗写得很好，我想放在这里用来形容我们的生命状态是很合适的："问渠哪得清如许，为有源头活水来。"我们看到湖里的水为何如此清澈透明，就是有一个水的源头一直在为湖水注入新的水源，这样的湖水才是有生机的，才能孕育和滋养万物。诚然，我们每个人的生命也是这样，我们的内心里都有一个源——我们内心的自觉，这是促使我们不断觉醒和成长的一个动因和源头活水，我们要活出生命的精彩，就要找到自己的源头活水，找到我们内在的生命成长的力量，绝非一味地向外寻找别人的帮助。否则当我们面对生命的困境时，我们将会变得很无助，所以真正的力量来自于自我的内心，而非他人的帮助。我们经常说佛度有缘人，我们希望佛来救度我们，但是我们也要会结缘。这个缘不仅仅是外在的因缘，更重要的是内在的因缘，当两个因缘具足的时候，我们自然就能够获得解脱生命的智慧。这个内在的缘指的就是我们对自我的反思与觉知，如果你不去反思自我，那再好的师父给你指点，对你来说也只是平淡的一句话，绝非治愈你内心疾苦的良药。因此，治愈我们生命最好的药不是什么特别珍贵的药材，千年灵芝或者千年野山参之类，如果灵芝治不好我们的感冒，那也不是最好的药，因为对我们的病是没有用的。反而一碗很便宜的姜汤如果把我们的感冒治好了，那就是我们最好的药。

所以，人贵有自知之明，我们能够自知，这是很重要的，很宝贵的。这是我们发挥自我的主动性的重要条件，如果我们没有自知之明，那就是无明，是愚昧，找不到自己的问题所在，四处着力，乱用功夫，结果得不偿失。现代生活中，我们每个人的生活节奏都很快，定点上班，按时下班，按时去接孩子，每隔一段时间去做一次体检，所有这些都把我们的生活高度的机械化，我们被时间制度所支配，被自己的那些琐事支配着，自己完全丧失了生活的自主性与闲适性，每天连散步都是匆忙的，那还叫散步吗？每天规定自己几点几点做什么事情，自己的身心像一个机器的程序在运作，这就是我们只是看到了人的动物性，我们想极力地抑制我们的动物性，所以我们需要这些制度来框缚我们的身心，让我们的身心能够在既定的时间内安于该做的事情上。显然，我们并没有看到我们内心的自觉性与自主性，如果我们能够看到这一点，那我想，每个人都会过得很轻松，很适得。梁漱溟先生还说道：

一个人缺乏了“自觉”的时候，便只像一件东西而不像人，或说只像一个动物而不像人。“自觉”真是人类最可宝贵的东西！只有在我的心里清楚明白的时候，才是我超越对象、涵盖对象的时候；只有在超越涵盖对象的时候，一个人才能够对自己有办法。人类优越的力量是完全从此处来的。所以怎么样让我们心里常常清明，真是一件顶要紧的事情。

古代的贤哲，他对于人类当真有一种悲悯的意思。他不是悲悯旁的，而是悲悯人类本身常常有一个很大的机械性。所以机械性，是指很愚蠢而不能清明自主，像完全缺乏了自觉的在那里转动而言。人类最大的可怜就在此。这点不是几句话可以说得明白；只有常常冷眼去看的时候，才能见到人类的可悲悯。人在什么时候才可以超脱这个不自主的机械性呢？那就要在他能够清明自觉的时候。不过，这是很不容易的。人在婴儿时代是很蠢的，这时他无法自觉。到了幼年、青年时代，又受血气的支配很大。成年以后的人，似乎受血气的支配较小；但他似乎有更不如青年人处，因这时他后天的习染已成，如计较、机变、巧诈等都已上了熟路，这个更足以妨碍、蒙蔽他的清明自觉。所以想使人人都能够清明自觉，实在是一大难事。人类之可贵在其清明自觉，人类之可怜在其不能清明自觉，但自今以前的人类社会，能够清明自觉者，实在太少了。

中国古人与近代西洋人在学术上都有很大的创造与成就。但他们却像是向不同的方向致力的。近代西洋人系向外致力，其对象为物；对自然界求了解而驾驭之。中国古人不然，他想在求了解自己，驾驭自己——要使自己对自己有一种办法。亦即是求自己生命中之机械性能够减少，培养自己内里常常清明自觉的力量。中国人之所谓学养，实在就是指的这个。人若只在本能支配下过生活，只在习惯里面来动弹，那就太可怜了。我们要开发我们的清明，把我们正源的力量培养出来；我们要建立我们的人格。失掉清明就是失掉了人格！

二、上善若水，君子不器完满性格

那我们如何恢复和发挥我们内心的这种自觉性，真正活出自己生命的一种真实性，或者说生命真实的自我来？因为我们现代很多人都是丧失了自我性的在生活着，在具体的性格表现上就呈现出过分的自信或者过度的自卑，我觉得这些都是失去了自我的一种表现。真正的自我是无论面对什么情况都是宠辱不惊。

《老子》讲道：

宠辱若惊，贵大患若身。何谓宠辱若惊？宠为上，辱为下，得之若惊，失之若惊。是谓宠辱若惊。何谓贵大患若身？吾所以有大患者，为吾有身；及吾无身，吾有何患？故贵以身为天下者，若可寄于天下；爱以身为天下者，乃可以托于天下。

受到宠爱和受到侮辱都好像很担惊受怕，把荣辱这样的大患之事看得与自身生命一样珍贵。那什么叫做得宠和受辱都感到惊慌失措？得宠是地位卑下的得到宠爱感到格外惊喜，失去宠爱则令人惊慌不安。这就叫做得宠和受辱都感到惊恐。什么叫做重视大患像重视自身生命一样？我之所以有大患，是因为我有身体；等到我连自身都视为无的时候，那我又有什么大患呢？所以，珍视天下如同对待自己的身体，天下就值得托付他；爱惜天下如同爱惜自己的身体，天下就值得依靠他了。这里谈到了一个无我，这个无我并非佛教意义上的无我，这里的无我是把自己看得很轻，把自己放在一个很低的位置上去，即无为。老子里面还讲道：

上善若水，水善利万物而不争，处众人之所恶，故几于道。

众所周知，水是往低处流的，它总是流向低洼、众人所“恶”之地，看似低下平庸，然而正是这样，它才可以包容一切。“处众人之所恶”也就是谦虚为下、行众人不愿去效行的事的意思，“故几于道”就是接近“道”了，这个“道”就是真理的意思。这个真理我们也可以理解为生命之道，本我之理。我们像水一样把自己看得很低，常常处于下方，那就是接近了我们的道了。这种处下的精神并非是自卑，而是一种泰然自若的包容与厚德。

孔子在谈及自己一生的生命历程时说道：

吾十有五而志于学，三十而立，四十而不惑，五十而知天命，六十而耳顺，七十而从心所欲，不逾矩。

说的是我十五岁立志于学习，三十岁确立自己的理想，立于自己所确定的那个道，四十岁不为我所做的事情而迷惑，五十岁的时候我懂得自然的规律和法则，六十岁时无论听到什么，不用多加思考，都能领会其中的意思，并明辨是非。七十岁随自己心意，想怎样就怎样，而不逾越法度规矩。从心所欲，不逾矩的生命境界就是一种宠辱不惊、本我呈现的状态。

达摩祖师想要传法给诸位弟子，于是把他们召集起来，让他们都谈谈自己这几年来学法的体悟，以便确定把衣钵传给谁。

道副说：“道的大用不在于执着文字或离言绝说。”

达摩祖师说：“你只得到了我的皮毛。”

尼总持说：“以我的见解，好像欢喜地庆祝见到了一见而不能见到的阿閦佛国。”

达摩祖师说：“你只得到了我的肉体。”

道育说：“地水火风四大万物的要素，色受想行识五种知觉与色相之互动，只不过是因缘和合，并没有什么真实和永恒，我认为无一法可得。”

达摩祖师说：“你只得到了我的骨头。”

最后轮到慧可，他走出来之后，向师父行了一个礼之后就站到了弟子应该站的位置，一语未发。这时候达摩祖师说：“你得到了我的精髓。”

于是达摩祖师决定把禅宗的衣钵传给慧可。

从达摩祖师对慧可的肯定上，我们可以看出慧可的生命境界已经从理的层面融入到事的层面，真正把禅宗的精神，超言绝相的精髓灌入到自己的生命实践中来。他完全地接受了自己，实现了自己，真正安住于当下中。孔子说自己从心所欲不逾矩，在慧可的身上我们同样可以看到，当下慧可是一个学生的身份，他就向老师表示学生的礼，一切都是向正常的生活一样，因为本身的自我就是佛法精髓的显现，可谓行住坐卧无不表示着祖师西来意，佛教的精神不在于成为一个禅的学术理论家，更不是高谈阔论的揣测，而是落实到自己的生命中来，从心所欲不逾矩的生活，这才是禅的精神和精髓所在。

如果从佛教的意义上去讲，那无我就是放下对我的执着，宠辱名利都统统放下，这也是一种大无畏精神，敢于去直面自己的本心状态。记得近几年吵得很多的碰瓷事件，导致很多人都不敢出来做好事了。以前人们都认为做好事必定会有好报，不论是现在还是未来肯定会有，现在是好事未必有好报，可能还会有恶报。你把别人扶起来了，别人不感谢你倒没什么，反而把自己卷了进去，获得一身的恶报。楼宇烈先生就这一问题曾经说过："你做善事，你造的是一个善的种子，别人造恶业，那是别人造的一个恶的种子。我们不能因为别人造恶而自己不去做善事，这是说不过去的。各人的果报各自承受，别人造了恶业，让别人去承担恶果，我们造了善因，我们去享受善报。"我想，如果我们都能明白这种生命的态度，那其实我们可以超越这种名利得失，做自己应该做的。这就是大无畏，无所畏惧，直面本我。

大无畏不仅仅是一种人格的精神，更是我们认识自我，认识自己本来面目的一种体现。自我是什么，本我是什么。

唐朝时，有两位僧人从远方来到赵州，向赵州禅师请教如何是禅。赵州禅师问其中的一个："你以前来过吗？"那个人回答："没有来过。"赵州禅师说："吃茶去！"

赵州禅师转向另一个僧人，问："你来过吗？"这个僧人说："我曾经来过。"赵州禅师说："吃茶去！"

这时，引领那两个僧人到赵州禅师身边来的监院（寺院的管理者之一）好奇地问："禅师，怎么来过的你让他吃茶去，未曾来过的你也让他吃茶去呢？"

赵州禅师呼了监院的名字，监院答应了一声，赵州禅师说：

“吃茶去！”

一句“吃茶去”，一碗“赵州茶”，代表着赵州禅师的禅心。

禅的修证，在于体验和实证。语言表达无法与体验相比。参禅和吃茶一样，是冷是暖，是苦是甜，禅的滋味，别人说出的，终究不是自己的体悟。所以，万语与千言，不如“吃茶去”三字。

两位僧人来向赵州和尚求学问道，我们可以说是来求本我的，但是赵州和尚给出两位的答案却是如此的平淡——“吃茶去”三个字，让求道者去参悟。“吃茶去”说的不仅仅是吃茶这件事情，而是对吃茶这件事情的一种态度，在唐朝时期，凡来寺院求道者，方丈都要与之见面，可谓是问道或论禅。在这则公案里，意蕴不在吃茶中，而在吃茶之外，吃茶本来是一件很平常的事情，在我们的生活中天天发生，赵州和尚说“吃茶去”就是在告诉问道者：佛法不在理论之中，而在日常生活中，可谓劈柴担水无非妙道，修行不是一定要坐在禅堂里才算是修行，每一个生活中的当下都是修行的道场，慧能在《坛经》中讲的直心是道场，修心也是修道。我们在喝茶的时候安住于喝茶的这颗心，吃饭的时候安住于吃饭的这一念，睡觉的时候知道自己就是在睡觉，这就是直面本心，物来则应。而非过分的去分别，去思虑，那样就容易起烦恼、分别、执着，就是妄念，就会痛苦。这和禅宗二祖慧可的境界是同样的，作为学生就显现出学生的行为，而不去僭越自己的位置与本分。

那怎么样的生命状态才是圆满的，我们说生命的圆满，不是指完美，不是指没有任何的缺陷。生命的圆满是我们能够充分明白我们每个人生命的性，明白了我们的生命之性后，要去尽我们生命之性。中庸开篇第一句话就说“天命之谓性，率性之谓道”，天赋与我们的这个命，我们称之为性，我们按照各自的性去开发，去完成，那就是我们在践行我们的生命之道。去践行我们的生命之道就是尽我们每个人的本性，我们每个人的性都是不一样的，这里的性不是我们一般意义上的性格，而是了解我们每个个体生命的特殊性，在现实生活中找到一个最合适的点，把我们最大的价值发挥出来。如一位热衷于教育的人把自己放在老师的岗位上，去充分地发挥自己作为一个老师的价值；一位适合于做工匠的人就应该让他尽其可能的去做自己所乐于做的手工艺品；一位优秀的厨师就应该让他为我们创造更多风味的佳肴……生命的圆满并非让所有的人都去做最有价值的事情，而是要让他们去做自己最合适的事情。如果把一位卖菜的大妈放在实验室做研究，这是对其生命性的扼杀，不符合她的生命本来状况；同样，把一位做物理学研究的人放在农民工的位置上，那这也不是尽性的，因为我们没有尊重他本来的价值和生命的特点。

三、放下执着，成就无畏大我人生

我们选择自己未来的方向，不应该过多受到外在的种种影响，特别是在面临升学和找工作的时候，人们就往往陷入了选择的两难处境。想工作又怕将来学历低，想在大城市工作又怕在大城市买不起房子……这些现实的种种选择都容易让我们苦恼。曾经有人问我，学哲学可以做什么呢？我想学哲学什么都可以做，因为哲学的教育不是一种具体的技术层面和操作层面的教育，哲学不会告诉你怎么样去处理一个计算机的程序，不会告诉你如何去炒股，但是哲学却可以告诉你如何可以让自己的心灵更饱满，更丰富，哲学教育是一种对内在自我心灵扩充的教育。每一个人都需要这样的心灵扩充，有时候这比实际的技术操作学习更加重要。很多有成就的成功人士，在身价和财富急剧增长的时候，我们会时不时听说他们突然结束了自己的生命。听到这样的故事，我想这个人的心灵肯定是没有经历过哲学或者是宗教的扩充的。我们也曾经听到别人这么说，学哲学是最没有用的。的确，哲学是没用的，但是正因为无用，所以是大用。老子在《道德经》中讲道：

三十辐共一毂，当其无，有车之用也。埏埴以为器，当其无，有器之用也。凿户牖以为室，当其无，有室之用也。故有之以为利，无之以为用。

三十根辐条凑到一个车毂上，正因为中间是空的，所以才有车的作用。糅合黏土做成器具，正因为中间是空的，所以才有器具的作用。凿了门窗盖成一个房子，正因为中间是空的，才有房子的作用。因此“有”带给人们便利，“无”才是最大的作用。因此，哲学之用也是如此，并非停留在具体的器物之用，而是超越于器物之上，去主宰这些器物的使用。

在《论语》中有弟子与孔子的这么一则对话：

子贡问曰：“赐也何如？”子曰：“女，器也。”曰：“何器也？”曰：“瑚琏也。”

在这里，瑚琏是古代祭祀时盛粮食用的器具。子贡问孔子：“我这个人怎么样？”孔子说：“你呀，好比一个器具。”子贡又问：“是什么器具呢？”孔子说：“是瑚琏。”这里孔子把子贡比作瑚琏，肯定子贡有一定的才能，因为瑚琏是古代祭器中贵重而华美的一种。但孔子认为子贡还没有达到“君子之器”那样的程度，仅有某一方面的才干。真正的君子之器是不器的。君子不会拘泥于具体的一件器具上，把自己的生命定位成某种具体的器物，这样就把自己的人生框住了，内心就不是活泼的，是呆滞的。

因此，我们把这样的精神投射到我们的现实生活中，我们就应该学会取舍，不要过分地拘泥于现实的种种条件，无论是升学还是就业，自己最合适的，最感兴趣的才是最好的。什么样的专业是最好的，最适合自己的才是最好的。如果一个专业别人都说好，你学起来很痛苦，跟你的性格格格不入，那这个专业对于你来说也不是最好。同样，一份工作，别人做起来得心应手，工资也高，别人都说好，但是你做了之后，整个人每天都很累，身心俱疲，找不到工作的动力和意义，那也不是最好的。当然君子不器并非完全地顺从现实的种种因缘，而是我们要尽其可能地去努力，所谓尽人事，听天命，用一种积极地心态去直面社会，对于那些不可为之的部分，我们就随顺，因为你的能力不能超越这一切，如果你极力想超越，想摆脱这些，那就是违背了自己的性与命了，这也不是顺从自然，只会让自己四处碰壁，到处受伤，得不偿失。

因此，适合自己的才是最好的。每个人都应该活出自己最真实的自我，听从自己内心真实的声音，自我觉悟，自我决断，你的内心就是清明的，你的生命就是饱满的，你的人格就是完满的。人格的完满并非是否认性格中缺点的存在，而是看到我们的缺陷，同时不被我们的缺陷所局限，不被自己的缺陷所束缚，认识到自己的这一切之后，尽最大可能去成就自己的性格中积极的一面，用光明去启发我们每个人都具有的真、善、美，在现实社会中，笃定自我，直面人生，日新又日新。